U0916929

“博物馆青少年人文讲堂”系列

总　序／

2019年，上海博物馆陆续推出“博物馆青少年人文讲堂”系列课程，包括“新悦读”“新城记”“新物语”“新艺术”“新美育”这几个专题，邀请名师为青少年朋友解读语言文学、城市文明、文物和考古、艺术和历史，以及何为“审美”，何为“美育”。在此基础上，现结集出版《新悦读》《新城记》《新物语》三种读本，旨在从新的材料、新的视角、新的方法上对大家有所启发，以激励新的思想，培育新的精神。

《新悦读》适于人类最古老的文字——《诗经》《亡灵书》“罗塞塔石碑”《汉谟拉比法典》《死海古卷》……如今，我们能在世界各大博物馆遇到它们或以它们为主题的展览，当面对先民述说的往事，我们能理解其中的记忆与情感、对世界的感知和诠释吗？什么东西亘古不变？什么东西转化成谜一样的密码？走进展厅，“阅读”成为钥匙，一道道门为爱智者开启。文字的世界始于现实世界，而后，吸引我们向着未来之境飞奔。

在学者为2010年上海世博会“城市足迹馆”撰写的著作里，他们认为城市塑造了文明，而城市的发生确是人类文明的第一站。而这正是我们必须探索城市之逻辑的原因。如何进入城市？是卡尔维诺式的，还是芒福德式的？应该关注哪些方面？城市的起源和历史、城市的生和死、城市的新和旧、城市里的个体和集群、城市的肉身和灵魂……在千万条交错小径中游走，我们自会有答案。

在《新城记》一书中，青年学者们为大家拉开一座座城市的帷幕，城市与考古、城市与历史、城市与战争、城市与艺术、城市与建筑规划、城市与政治经济，乃至城市里那些最激动人心的事件、最需要反思的经历一一展现，同时，他们也以实例携引大家走上初步的探索、研究路径。最有意思的是，每一章节后附的问题都不需要标准答案，需要的是充满诚意的理论和实践。

《新物语》关注的是中国古代艺术与历史，展开的是最经典的博物馆式的命题。当物和人、事、时空、环境关联，大家会发现，它们自身便是立体多元的，是生动的、有生命和灵性的。

希望这一系列丛书能伴随大家始于阅读，经由博物馆，达到每一个人想去的那个地方。

目 录

第一章

写作始于何处？

以《诗经》为例

中国已发现的古代文字中时代最早、体系较为完整的，距今三千六百多年。甲骨文又称“殷墟文字”“殷契”等，是殷商时期刻在龟甲兽骨上的文字。假如我们愿意在迄今为止发现的中国最早文字面前停留片刻，就会发现，那些刻写在龟甲和兽骨上的文字，都在直截了当地就事论事。

图 1　宰丰骨匕记事刻辞

壬午，王田于麦彔（麓），隻（獲）商戠兕，王易（錫）宰丰，［寝］小［䅗］兄，才（在）五月，隹王六祀肜日。

这块著名的甲骨文上刻写的文字，记载了帝辛将猎获的犀牛赏赐给宰丰这件事，简明扼要。

商朝以后，中国社会进入西周时期，书写方法也从在龟甲、兽骨上刻写变化为在竹简上刻写。就材料的获取难度和材料的硬度而言，在竹简上刻写要比在龟甲或兽骨上容易，所以，从进入西周也就是公元前 1046 年开始，想要记录一些人和事，要比商朝容易。即便如此，今天我们辨读那些刻写在竹简上的文字，会发现那时候的记录多半遵循着一个原则：言简意赅。

谁能说言简意赅的记录就不是写作呢？那么，我们就通过产生于西周初期至春秋中叶，也就是公元前 1046 年至公元前 500 年左右大约 500 年间最具代表性的文字记载《诗经》，来看看我们的祖先为什么写作。

《诗经》是中国最早的诗歌总集，它收集了总共 305 篇诗歌，先秦称之为《诗》，或取其整数称之为《诗三百》。西汉时这 305 篇诗歌被尊为儒家经典，始称《诗经》，并沿用至今——一般，都这样定义《诗经》：诗、诗三百。以现在对“诗”这个词的理解，我们会不假思索地认定，《诗经》是一部诗集，是一部文学作品。以此反推，我们会认定《诗经》是一部从西周到春秋中叶期间我们的祖先集体创作的文学作品。

西汉建于公元前 202 年，亡于公元 8 年，是中国历史上距离产生《诗经》时期最近的朝代，也是距离《诗经》实质最近的朝代。显然，在西汉人看来，“诗经”的关键词是“经”而非“诗”，为什么？最可靠的答案，是汉武帝以《诗》《书》《礼》《易》《春秋》为“五经”。

那么，以我们自己阅读《诗经》的体会，会怎么理解《诗》何以能成为《诗经》呢？且以《国风・周南・芣苢》为例。

给《诗经》分类的话，诗三百可分为《风》《雅》《颂》三部分。《风》是周代各地的歌谣；《雅》是周人的正声雅乐，又分《小雅》和《大雅》；《颂》是周王朝和贵族在宗庙祭祀的乐歌，又分为《周颂》《鲁颂》和《商颂》。

《国风・周南・芣苢》就是一首民谣，记录的是车前草的“长相”以及性能。

采采芣苢，薄言采之。采采芣苢，薄言有之。
采采芣苢，薄言掇之。采采芣苢，薄言捋之。
采采芣苢，薄言袺之。采采芣苢，薄言襭之。

采采：采了又采；芣苢：车前草；薄言：发语词；有：取；掇：拾取；捋（luó罗）：以手掌握物而脱取；袺（jié洁）：用衣襟兜东西；襭（xié协）：翻转衣襟插于腰带以兜东西。

掌握了这些疑难词后再来读《采采芣苢》，会觉得非常简单了：

采呀采呀采芣苢，采呀采呀采起来。
采呀采呀采芣苢，采呀采呀采得来。
采呀采呀采芣苢。一片一片摘下来。
采呀采呀采芣苢，一把一把捋下来。
采呀采呀采芣苢，提起衣襟兜起来。
采呀采呀采芣苢，掖起衣襟兜回来。

《国风·周南·芣苢》记录的就是产生《诗经》时期的人们采摘车前草的场景。文史学家、复旦大学中文系教授陈子展先生在他的专著《诗经直

图2　芣苢

图3　芣苢〔选自《诗经名物图解》，由日本江户时代的儒学者细井徇、细井东阳撰绘，主要内容为《诗经》辅配百余幅精美古画，大约绘制出版于嘉永元年（1848）〕

解》中这样评说这首诗："《芣苢》，是描述妇女们同采车前的这样一种轻微劳动的赋体诗。不说任何大道理，直写一种琐屑事。工作轻便，情绪轻松，语调轻快。看来有文字淳朴之美，读来有声调谐和之美，作者固当别有一种自得其乐的情趣。"陈教授的评语，给我们一种感觉：怎么把典雅的《诗经》拖出了文学殿堂？我们因此忍不住再吟一遍《采采芣苢》后问自己：那真是一首描写劳动场景的诗歌吗？于是，翻出清代方玉润的《诗经原始》，读读他是怎么解释《芣苢》的，"恍听田家妇女，三三五五，于平原旷野、风和日丽中群歌互答，余音袅袅，忽断忽续"。这与陈子展先生的解读异曲同工。

《诗》怎么会变成《诗经》的？西汉人觉得，诗三百再现的所有，都值得后世效仿。而如《芣苢》这样朴素地将自己的生活场景记录下来的诗篇，还告诉我们，写作并不像我们所体会到的那么难。

以《死者之书》为例

埃及人在5500年前发明了莎草纸，造纸原料是尼罗河流域的植物莎草。因为有了得之较易的书写工具，古埃及人留在莎草纸上的文献非常丰富。其中，《死者之书》（或称《亡灵书》）是目前为止我们能够读到的比较早期的写在莎草纸上的文字。说是写在莎草纸上的文字，其实，《死者之书》

图4 收藏于大英博物馆的《死者之书》

的更多篇幅给了绘画。

图 4 告诉我们，今天我们在英国伦敦的大英博物馆还能看到《死者之书》。

收藏在大英博物馆的《死者之书》有一个更加切近的名字，叫“亚尼的死者之书”。这位亚尼先生生活在古埃及新王国第十九王朝时期，也就是公元前 1295 年—公元前 1189 年。这件文物是 1887 年在尼罗河中游卢克索西岸的墓室中被发现的。墓室里有很多纸草都叫《死者之书》，这位亚尼先生的，保存得最好。今天来欣赏，那真是古埃及艺术中最杰出的作品之一。

这件最杰出的艺术作品，有没有将亚尼先生送达能让他永生的“奥西里斯王国”？不得而知。我们只知道，如今存放在大英博物馆里的陪葬品、那幅放在亚尼先生墓中的画，真是艺术佳作。《死者之书》共有 10470 张画，假如将它们拼接起来，总长可达 78 英尺，近 24 米。当然，长度并不是其被称为艺术佳品的唯一因素，画幅表情达意的能力，才是其真正的价值所在。《死亡之书》分成两个部分：第一部分，勾勒了冥界的景象，线条和色彩之间充溢着对冥界诸神的赞颂；第二部分，则是以亚尼先生为主角，详细记载了获得永生所必经的程序和必要的咒语。其中，亚尼在死者之国接受审判，亦即判定他生前行了多少善、作了多少恶。这一段堪称整幅画卷中最精彩的部分。虽说《死者之书》成画已逾数千年，从地底下发掘出来也超过了百年，可冥界之神奥西里斯主持测量死者心脏的重量以决定这位亚尼先生能否永生的画面，还是栩栩如生！

相比画面的绚烂，《死者之书》上的文字就显得简洁而又直接：“吃吧，喝吧，开心点，因为我们迟早都会死。”尼罗河流域土地富饶，但古埃及人的平均寿命只有 35 岁，真是人生苦短，古埃及人需要这样的文字来激励自己。

《死亡之书》中，更多的文字是“滚回去，你这条蛇”这样的咒语，据说，这就是一句很有用的防止被毒蛇所伤的咒语。

相比甲骨文和竹简，在莎草纸上写字要容易一些，但是，古埃及人并没有因此长篇大论地抒情或议论，随着难以破译的“天书”被渐渐识读，我们发现，写在莎草纸上的文字，是古埃及人生活状态及心理状态的实录。

以罗塞塔碑为例

1998 年，我遇到了一本书，德国人西拉姆撰写、刘迺元先生翻译的《神祇 · 坟墓 · 学者：欧洲考古人的故事》（以下简称《神祇 · 坟墓 · 学者》）。我读完这本比侦探小说还要好看的关于考古发现的著作后，从此对博物馆、对博物馆里展出的那些留有人类活动痕迹的遗存，充满了兴趣。

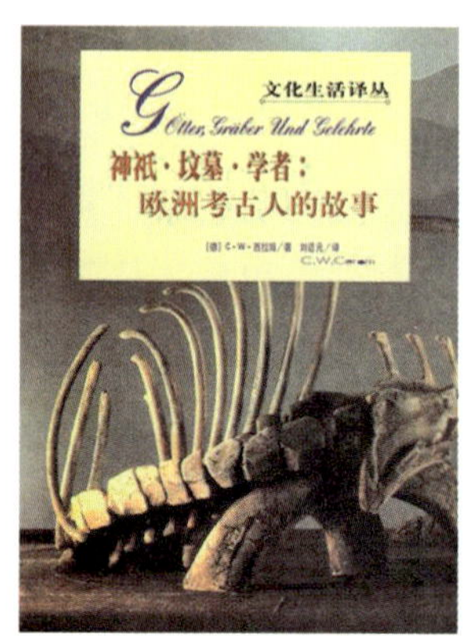

图 5　中文版《神祇 · 坟墓 · 学者：欧洲考古人的故事》封面

这本书，专门用了一个章节讲述了商博良的故事。

商博良，书商的儿子，却对父亲的生意毫无兴趣。他先是用自己过人的语言天赋掌握了多种语言，后又用自己的语言能力去发掘这世上的前尘往事。1799 年，法国人在罗塞塔地区修建军事要塞的时候，从地底下挖出了一块黑色大理石石碑。一名军官本能地觉得这是一件宝物，就将其妥善地保存了起来。18 世纪末 19 世纪初，英国还是日不落帝国，英国人于 1801 年从法国人手里拿下了埃及。在战场上吃了败仗的法国人，败走埃及之际想将黑色大理石偷偷地运回法国，但被获知消息的英国人截获。成为黑色大理石石碑主人的英国人，也觉得石碑是一块宝物；可是这块宝物究竟有多珍贵，就要看石碑上那些曲里拐弯的文字写了些什么。他们找来学者，学者判断石碑上古人用埃及圣书体、埃及世俗体和古希腊文三种文字说了同一件事情，但，说的是什么事？英国人寻遍了英国，也找不到能识读这些文字的人。英国人不得不找到法国人商博良，一位通晓希腊文、拉丁文、埃及文等多种东西方语言的年轻学者。

解开黑色大理石石碑上的秘密，商博良太愿意做了。从 1822 年到 1824 年，商博良孜孜矻矻研究了 3 年，终于看懂了那上面都写了什么：埃及王位的正统继承人，神的虔诚的信徒，埃及王国的重建者和人类文明的维护者，不可战胜的……不过，商博良破解黑色大理石石碑上文字的更大意义，在于从此以后我们掌握了通往古埃及文明的钥匙，这就是这块高 1.14 米、宽 0.73 米的黑色大理石石碑的考古价值！因为石碑是在罗塞塔地区发掘出来的，后来，人们就称这块黑色的大理石石碑为罗塞塔碑。

现在，我们就来看看这块罗塞塔碑上到底刻写了什么内容。

刻有 1419 个象形文字、486 个希腊文的罗塞塔碑，分别用埃及象形文（又称为圣书体，代表献给神明的文字）、埃及草书（又称为世俗体，是当时埃及平民使用的文字）和古希腊文自上至下刻写的，是同一段诏书：

埃及王位的正统继承人，神的虔诚的信徒，埃及王国的重建者和人类文明的维护者，不可战胜的，使埃及繁荣长达 30 年的，上下埃及的主人、拉神之子、永生的，普塔神的爱子托罗密王，在他在位的第 9 年的 Xandikos 季的第四个月为了鼓励与赞扬那些决定永远侍奉神的人们，根据埃及人的第 18 Mekhir 的惯例，颁布诏令……他有恩于所有的庙宇及住在庙宇中的人们，是他捐献了自己的物品——这些物品代替了神庙的税收，是他带来了埃及的繁荣，并且捐助建立了神庙，还有所有他的其他慷慨恩赐。他减免了各种苛捐杂税为了使他的臣民在他的统治期间能更富裕地生活。他减免了王国中的穷人们的债务。他赦免了那些有罪的人。他声称，众神应该继续享有神庙的供奉就像他父亲时代所做的……

把想要记录在案的人和事写下来，罗塞塔碑告诉我们，人类最初的写作动机，就是这么单纯。

图 6　罗塞塔碑

图 7　罗塞塔碑铭文

以《汉谟拉比法典》为例

古埃及、中国、古印度和古巴比伦，是世界公认的四大文明古国。一方面，这种认知已成定局；另一方面，一个疑问也一直萦绕在专攻亚述学学者的心头：伊朗为什么没有被列入文明古国的行列？

学者的疑惑不无道理。伊朗的文明同样悠久灿烂，早在公元前3000年前后就已经出现文字材料，伊朗人在石碑上书写楔形文字，使用的语言为埃兰语。

在1901年12月，一支由法国人和伊朗人组成的联合考古队，在伊朗西南部一个名叫苏撒的古城旧址上开始发掘工作。

放在博物馆里的考古发现光彩夺目；考古发现的过程，却很寂寞枯燥。不过，考古工作者知道，他们所从事的，是披沙沥金的工作，任何一个看似无聊的日子都有可能送给他们一个大惊喜。这一支联合考古队的辛勤工作得到了巨大的犒赏，有一天，他们发现了一块黑色玄武石。惊喜之余，接下

图8 《汉谟拉比法典》原文石柱

图9 《汉谟拉比法典》楔形文字

来的几天里，他们继续奋力发掘，结果，又发现了两块黑色玄武石。联合考古队将三块黑色玄武石拼合起来，一个椭圆柱形的石柱出现在他们眼前。石柱高达两米半，它的上方刻着两个人的浮雕像：一个坐着，右手握着一根短棍；另一个站着，双手打拱，好像在朝拜。石柱的下部，刻着像箭头或钉头那样的文字。

古代两河流域，又称美索不达米亚（Mesopotamia，其希腊语词根的意思为“两河之间的土地”），泛指地处西亚的底格里斯河与幼发拉底河之间的区域，该区域的大部分位于今天的伊拉克境内。两河流域素有“人类文明的摇篮”之称，早在公元前3200年左右便诞生了世界上最古老的文字楔形文字。

发现这组石柱时，我们已经能够阅读两河流域的古文字楔形文字，很快，黑色玄武石上的文字被确认是《汉谟拉比法典》，颁布的时间大约是公元前1792年至公元前1750年之间，颁布者是古巴比伦王朝国王汉谟拉比。

古巴比伦王朝国王颁布的《汉谟拉比法典》，怎么会在今天伊朗境内一个名叫苏撒的地方被发现的呢？

历史就是这么无情，现在可以用两句话概述的一段往事，浸透了很多人的鲜血：公元前12世纪末，邻国埃兰从东面入侵两河流域，赢家将《汉谟拉比法典》石碑作为战利品，劫掠回自己的都城苏撒。这一幕，在3000年以后重演。1901年，法国将在伊朗境内的苏撒发掘出来的《汉谟拉比法典》运回了法国，所以，现在我们能在巴黎卢浮宫看到它。

假如我们走进了卢浮宫，正面对着这块黑色玄武石，那就先仔细看看石碑顶部的浮雕。浮雕刻画的是太阳神沙马什把一个绳环和一截木杖授予汉谟拉比的场景。绳和木杖，是两河流域传统的丈量工具，象征司法与正义。沙马什端坐于宝座，双脚则放置在一个基座上。该基座由三排鱼鳞状的花纹组成，在两河流域的艺术传统中用于表现山陵。两河流域以东是伊朗境内的扎格罗斯山脉，沙马什脚踏山陵的寓意是太阳在那里升起。沙马什的左右肩膀上有两簇火焰，那也是太阳神的标志。此外，沙马什所戴的螺旋式花纹的帽子和饰有水平褶皱的长袍，同样是两河流域神祇特有的服饰，在艺术作品中用以表现人和神的不同之处。

沙马什是神，浮雕中的另一个人物汉谟拉比，就是人了。汉谟拉比站立在沙马什面前，左手水平弯曲 90 度，右臂曲起，肘部置于左手前臂上，右手手掌与嘴部在同一水平线上——这一姿势是两河流域艺术作品中常用的祈祷的姿势。从服饰来看，汉谟拉比戴的是一顶包头的圆帽，衣服则饰有垂直褶皱，样式与沙马什的长袍也明显不同。

另外，从人物的大小来看，沙马什坐下后的身高与汉谟拉比站立的身高相差无几。我们可以想象，沙马什站立后的高度将大大高于汉谟拉比。通过尺寸大小来凸显神与人的不同是两河流域艺术作品的常用手法。

弄明白浮雕上的寓意后，我们再来看看石碑上的楔形文字到底写了些什么。

《汉谟拉比法典》使用的是阿卡德语（Akkadian，最古老的闪米特语，和希伯来语及阿拉伯语同属闪米特语系），以楔形文字刻于石碑上。全文分为三部分：序、法典条款和跋。法典涵盖的内容包括如下几个主要方面：

（1）司法程序：如伪证、“河神”审判；

（2）刑事犯罪：盗窃、抢劫、人身攻击和伤害、性侵害；

（3）婚姻家庭：婚姻缔结、女方财产处置、继承收养；

（4）经济活动：奴隶贩卖及其相关事宜、农业和灌溉、抵押、借款、不动产的买卖和出租、设备租赁和劳动雇佣、佃户和牧羊人的义务，等等。

《法典》的每一条款都遵循统一格式，即先用一个条件从句来描述过失或罪行的具体表现，再规定相应的惩罚。比如，第 250 条这么写道：如果一头牛过街时抵死了一个自由民，那么无须提起讼诉。又比如，第 251 条这么写道：如果一个自由民的牛曾经抵过人，而且有关方面通知过主人他的牛曾抵过人，但这位主人没有把牛角挫钝或控制好牛，导致牛抵死了一个自由民，那么牛的主人应该赔偿三十舍客勒的白银（约相当于 225 克白银）。

由于石碑表面有一些毁损，我们无法确认条款的准确数目。一般认为，就保存下来的条款数量为 282 条推测，原有条款总数不会超过 300 条。

《汉谟拉比法典》的序言中，汉谟拉比陈述了他本人创下的丰功伟绩以及是如何成为众神的宠儿的。他还解释了立法的由来，即奉马尔杜克（Marduk，众神之首）之命，为人民提供立身行事的正确引导，以确保他们的行为正直。《汉谟拉比法典》的结尾处还有一个跋，在跋里，汉谟拉比勉励子孙后代要遵守法律，同时呼吁众神诅咒并惩处违法之徒。

黑色玄武石上是一部用楔形文字刻写的法典，这已经没有疑义。不过，研究两河流域文明的学术界似乎一直在争论一个问题，那便是《汉谟拉比法典》是否有实际功用。换言之，在古巴比伦社会的司法实践中，实际判案时是否参照《汉谟拉比法典》中的有关条款作为判决依据呢？——就让学者去解决这个问题吧。我们所要关心的是，当人类文明进入用文字记载的时候，他们在记录什么？

如果一头牛过街时抵死了一个自由民，那么无须提起讼诉。

不加修饰、就事论事，如此而已。

依凭《伊利亚特》找到了特洛伊

被冠以“荷马史诗”的两部著作《伊利亚特》和《奥德赛》，到底是谁创作的？历史上果然有一位叫荷马的游吟诗人吗？上海译文出版社出版的《荷马史诗》用 4 篇序言试图说清楚一个问题：荷马是确有其人的盲诗人？抑或《伊利亚特》和《奥德赛》是众人拾柴的艺术佳品？很多事实已经湮没在历史长河中，《荷马史诗》到底是一个人的作品还是集体创作的成果，已成历史谜题。不过，这并不妨碍我们去欣赏世界文学宝库中的两颗明珠，《伊利亚特》和《奥德赛》。

由“世界文学宝库中的两颗明珠”，很多人想当然地觉得，《荷马史诗》是虚构的文学作品。但是，有一个人不相信《荷马史诗》中的《伊利亚特》是一部完全虚构的文学作品。荷马史诗在描述特洛伊城时，核心社区单位是城堡或城镇。城堡或者城镇既是兵民的集会地点，又是抗御敌人进犯的堡垒；既是社会活动的中心，又是进行贸易和举行宗教仪式的场所。城堡的外围有一片田地或乡村，城市和乡村一起组成“区域”或“地域”。城镇、郊区和城里城外的人民构成了荷马史诗中的一个基本的政治实体。城堡的统治者是国王、王者；某些王者或统治者如阿伽门农，拥有一个以上的城镇，而以王者居住的城堡为政治、军事和文化的中心。重要的社会行当有信使、祭司等。在荷马史诗里，先知、医者、木匠和诗人同属“工作者”的范畴，即用自己的手艺或本领为民众服务的人。城堡的公民为一般民众。来自外邦的定居者叫客民。无业游民似乎亦属自由人阶层，没有自己的土地，以帮工为生。

如此详尽的城堡形态描述以及民众的构成，让谢里曼相信，《伊利亚特》并非完全虚构。

谢里曼是谁?《神祇·坟墓·学者》一书用了很大的篇幅讲述了他的故事。

海因里希·谢里曼，1822 年出生在德国北部的一个名叫梅克伦堡的小城。虽然没有机会接受正规的学校教育，谢里曼却是一个嗜书如命的孩子。十多岁时，为了果腹，谢里曼不得不去做学徒。所谓学徒，就是专门为师傅干脏活累活的那个孩子，纵然如此，也不能让谢里曼放弃阅读。就是在做学徒的那些年里，谢里曼开始自学各种语言，并将这种爱好延续了一生，英、法、德、俄、意、阿拉伯、拉丁、古代希腊和现代希腊文等，终其一生谢里曼共掌握了 18 种语言。还在做学徒的时候，谢里曼就着迷于《荷马史诗》。

20 岁那一年，谢里曼从家乡来到荷兰进入一家进出口公司从事商业活动，恐怕连他自己都没有想到，他在经商方面极有天赋，两年以后，也就是他 22 岁的那一年，谢里曼已经有能力去俄罗斯经商，从事靛蓝贸易。谢里曼很快就挣到了一笔大钱。一个学徒经过几年的冒险和拼搏成了一个成功的商人。成功并不能让谢里曼裹足不前，他把自己的生意做到了美国，做到了银行业。在美丽新世界，他再度成功。

少年时的贫困，让谢里曼强烈渴望金钱。挣下万贯家产后，谢里曼觉得自己有能力实现少年时的另一个渴望，那就是寻找《伊利亚特》描述的城市遗迹以及它称颂的英雄的墓地——辗转充满铜臭味的生意场，谢里曼从来就不曾忘情过《荷马史诗》，常常是白天在商场上与各色人等周旋，晚上回到家里就一头栽进《伊利亚特》或《奥德赛》，享受远古时期铁骨铮铮的英雄们的传奇故事。越是细究《荷马史诗》，谢里曼越是坚信《荷马史诗》所写是真实的历史而非神话。怎么才能让全世界相信《荷马史诗》记录的是历史真相呢？谢里曼觉得，只有挖掘出已被埋入地下的城市遗迹，才能让自己的猜想变成铁板钉钉的事实。而这，才是自己少年时的理想啊！当然，商人谢里曼还敏感地预见到，随古城埋入地下的，一定还有诱人的宝藏。

猜想就在自己的头脑里，支持发掘古城的钱财就在自己的账户里，1863 年，谢里曼 42 岁，他觉得年龄已不允许自己再等待了，一个想法在他的头脑里发酵得越来越强烈：再也不能在经商上浪费时间和精力了。谢里曼毅然结束了自己的生意，去兑现那灿烂的梦想！一场旷世挖掘，就这样启动了。

谢里曼先是到希腊然后又渡过爱琴海抵达小亚细亚，熟读《荷马史诗》的谢里曼知道，自己脚踏的土地，曾经上演过两支军队为了海伦缠斗 10 年的传奇。谢里曼兴奋不已，在伊塔卡岛参观时写道："每座山，每块石，每条河，每一个橄榄园都使我想起荷马。我发现我猛地一跃，飞越了几百年，进入具有古希腊骑士风格的闪光年代。"谢里曼也清醒地意识到，自己不是观光客，自己来希腊来小亚细亚，是来寻找特洛伊的。

特洛伊究竟在哪里？《荷马史诗》说，特洛伊就在小亚细亚西北部沿岸一带，靠近赫勒斯滂海岸。在谢里曼之前，许多人也曾在这一带找寻过这个传说中的城堡，全都一无所获。前人的无功而返，不能让谢里曼气馁，他手捧《荷马史诗》，选择在土耳其西北部的布纳尔巴希村和希萨尔雷克山进行考察。考察的结果是，他想要的就在这一方土地的地底下。千方百计才取得土耳其政府的挖掘许可证之后，谢里曼于 1871 年正式在希萨尔雷克山动工挖掘。最初的发掘让谢里曼感到失望和困惑：大量的石器和陶器，陶器中大多数是单色陶瓶，造型很独特……这说明了什么？说明在荷马描绘的特洛伊之前，还有更早的居民居住在这里。可《荷马史诗》写到过的那些闪亮的金属在哪里？

时间在飞速流逝，转眼间，谢里曼在希萨尔雷克山已经挖掘了 10 年，依然没有找到闪亮的金属。放弃的念头不止一次闪过谢里曼的头脑，所幸的是，他坚持了下来。

1873 年，民工们在接近一处小丘遗址的底层挖出了一条五米多宽的石铺路面，谢里曼断定，这条街道的尽头一定有一座大型建筑物的遗址。他马上加派人手，沿街掘进。街面上覆盖着一层 2.5 ～ 3 米厚的灰烬，在黄、红、黑色的木灰中掺杂着烧透了的砖石碎片中，谢里曼确信他终于找到了那座

图 9　特洛伊城

被希腊联军焚毁的城堡。同年 5 月，一大栋建筑物的遗址展现在谢里曼眼前，虽然这座建筑物并没有预想中的豪华，但谢里曼毫不迟疑地认定，他已经找到特洛伊国王普里阿摩斯的宫殿。

1873 年 6 月 14 日，谢里曼在“普里阿摩斯宫殿”的一堵围墙下，无意中见到了期盼已久的金属的闪光。他抑制住内心的狂喜，开始在那堵随时都要倒塌的墙下拼命地挖金子，一件又一件的宝贝从他的手中递到了妻子索菲亚的手中。挖掘出的宝物相当丰富，有 6 只金镯、一只重 601 克的高脚金杯、一只高脚金杯、一件装有 60 只金耳环的大的银制器皿、8700 个各种式样的金制物件，还有穿孔的棱镜、金扣子、穿孔小金条和其他小件饰物，以及银、铜的花瓶与青铜武器。

在这批器物中，最珍贵的是两顶华丽的金冠：大的那顶由 16353 块金片金箔组成，还有一串精致的项链，可以围绕在佩戴者头上，并且悬吊着 70 根短的、16 根长的链子，每根以心形的金片组成，短链子上的流苏垂在佩戴者的额前，长链子下垂到佩戴者的双肩，佩戴者的脸庞完全镶嵌在黄金之中；小的那顶形似大金冠，只是链子吊在狭窄的金叶带上，侧边的链子较短，只能遮住双鬓。谢里曼把小金冠戴到妻子头上，恍如看到了当年的海伦。

宝藏的发现给谢里曼带来了麻烦，土耳其政府极其愤怒地要求谢里曼归还宝藏，而希腊政府也在土耳其人的压力下拒绝接受这批宝藏。1886 年，谢里曼将他的特洛伊收藏品，包括无价的黄金宝物赠与柏林博物馆，随后一直摆放至“二战”时期。

“二战”期间，德国的艺术珍宝（包括特洛伊黄金宝藏）被统统打包藏进了地下碉堡，以防不测。苏美军队占领德国后，在混乱的局势中许多珍宝不翼而飞，特洛伊黄金宝藏也不知所踪。于是，有的考古学家开始怀疑谢里曼描述的寻宝经过是否真实。还有的学者认为这批宝藏并非一次性发掘，而是谢里曼把遗址不同层面、不同位置发掘出的许多少量的珍宝汇集在了一起，谎称是“普里阿摩斯宝藏”公布于世，以产生轰动效应。

无论外界如何评价，谢里曼非常满意自己的考古发现。谢里曼至死都确信，他挖到的就是特洛伊王普里阿摩斯王宫的宝藏。他相信，宝藏所在地就是《荷马史诗》描述的特洛伊城。那么，我们能相信他的“确信”吗？谢里曼去世之后，美国考古学家卡尔·布莱根等人花费多年的工夫，做了进一步的挖掘研究工作。经过长期的发掘，人们发现，在特洛伊的遗址中，竟然重叠着分属九个时代的古城。这个发现让今天的很多学者相信，《荷马史诗》中记录的特洛伊古城约在公元前 1200 年就已被摧毁。他们认为，谢里曼和他的工人挖掘时，实际已穿过了特洛伊古城的废墟。他所发掘的废墟并不是特洛伊城，而是另一座更古的古城。那顶金冠也不是属于海伦的，而是公元前 2300 年的古物。这批财宝属于比普里阿摩斯早 1000 年的另一位国王。《荷马史诗》所描述的特洛伊古城，还需要在这覆盖的其他八个时代的土层里寻找。

尽管出现了这样的错讹，我们还是要将崇敬献给由商人变成考古发现者的谢里曼。谢里曼误以为的特洛伊王普里阿摩斯王宫外，在特洛伊考古的间歇期，谢里曼还对迈锡尼进行了重要挖掘。在迈锡尼，他发现了迈锡尼王阿伽门农的墓葬，并挖到了大量丰富的墓葬品，他将其命名为“迈锡尼文明”。

自 1871 年到 1886 年这十多年的时间里，谢里曼通过自己的挖掘工作，发现了前希腊文明，确定了在希腊古典时代以前，存在着一系列灿烂的古代文化。同时，他的杰出工作为现代考古学奠定了基础。

虽然，谢里曼没有找到出现在《荷马史诗》里的特洛伊城，但是，《荷马史诗》描述的特洛伊城，就在重叠在了一起的分属九个时代的古城里，这已是不争的事实。这个事实告诉我们，文学史上的一座高峰《荷马史诗》，不过也是“我看故我写”的成果。

开始写作

回到人类的童年时期，我们看到，写作并不像我们今天能接触到的文本那般纷繁复杂。当世界还小的时候，人类还没有记录的需求；世界在慢慢长大，人类发现从自己身边走过的人、在自己身边发生的事越来越多，多到有一天他们发现仅靠记忆已经抵挡不住忘却，恰好，人类发现可以在莎草纸上写字，可以在石头上刻字，可以在龟甲和牛骨上刻字……人类最早的写作活动就这样诞生了。

我们不妨从人类写作最初的样子起步。只要开始，就会有美好的结果，就像现在，象征着人类文明的经典著作，那真是汗牛充栋呵。

练习题一：向《汉谟拉比法典》学习，为你家的家务劳动写一份分配表，必须附有奖惩制度哦。

练习题二：《芣苢》描写的，是劳动妇女采摘车前草的劳动场景。让我们观察妈妈或者爸爸准备一顿晚饭的过程，记录下来。

练习题三：去上海博物馆，选中一件文物，用文字为它画一幅肖像。

赶紧去读

1.〔德〕C. W. 西拉姆著，刘迺元译：《神祇 · 坟墓 · 学者：欧洲考古人的故事》，生活 · 读书 · 新知三联书店，2001 年。

推荐理由：把田野考古故事写得比侦探小说还好看，这是一本能诱惑我们对考古发现产生浓厚兴趣的好书。

2.〔英〕霍吉淑著，顾雯、谢燕译：《大英博物馆中国简史》，读者出版社，2019 年。

推荐理由：第一，作者对她选择的每一件文物的描写，就像人类开始写作的文本那样，简洁明了。第二，读完，等于从有史料记载开始，走到了 20 世纪初的中国。

3.〔英〕尼尔・麦格雷戈著，余燕译：《大英博物馆世界简史》（全 3 册），新星出版社，2014 年。

推荐理由：像霍吉淑一样，尼尔・麦克雷戈描述的这 100 件文物，简洁又准确，是我们可以模仿的文本。此外，这些文物能帮助我们看到全世界。

第二章

为过目难忘的花花草草立个档案

1808 年，贝多芬 38 岁，耳朵完全听不见了。

1792 年，那一年贝多芬 22 岁。他从家乡波恩移居到维也纳，此后就一直居住在那里，直到 1827 年去世。在维也纳的 16 年间，贝多芬经常搬家。维也纳的每一处居所都给了贝多芬创作灵感，所以，他的大部分作品都是在维也纳完成的。写作之余，贝多芬喜欢在住宅周边散步。维也纳因此深感自豪，这座城市想出的纪念乐圣的方式，就是将贝多芬一处住所外贝多芬生前经常散步的一条路，命名为贝多芬小路。

写作第六交响曲《田园》的间隙，贝多芬就在这条小路上散步。今天，我们看贝多芬小路，也就是绿荫丛中一条铺满碎石的小路，可是，敏感又敏锐的艺术家总是能在最普通的风景中找到创作灵感，哪怕那时贝多芬已经耳聋得很难听到什么了。

很长一段时间里，"扼住命运的喉咙"，几乎成了贝多芬的标签，非古典音乐爱好者也许会因此对贝多芬产生误解，觉得他只是一头雄狮，他是《命运交响曲》的曲作者。其实，更多时候，特别是进入晚年以后，贝多芬用音乐告诉我们，他还是一个充满柔情又胸襟宽广的男人。听，他的《田园交响曲》，特别是第二乐章，宁静而又祥和。

贝多芬《田园交响曲》的第二乐章有一个标题，叫《在小溪边》。贝多芬生前曾带领采访他的记者踏过草地后倚在大树上说，这里给过他灵感。

大象无形的音乐，都能将花花草草写进乐谱，何况文字！

《诗经》中的花花草草

收集了 305 首诗歌的中国第一部诗歌总集《诗经》，用了最大的篇幅来记录花花草草，所以，我们看今人解读《诗经》，着眼点最多的，是《诗经》中那些关于草木的篇章：《一个人的草木诗经》《诗经草木魂 · 采采卷耳》《诗经草木魂 · 蒹葭苍苍》《诗经草木魂 · 采薇采薇》《诗经草木汇考》《诗经草木绘》……

我们仅选择被一套书用作书名的《诗经》中的三首诗，来体会一下，《诗经》诞生的时期，我们的祖先是怎么记录花花草草的。

《蒹葭》

蒹(1)葭(2)苍苍(3)，白露为(4)霜。所谓(5)伊人(6)，在水一方(7)。

溯洄(8)从之，道阻且长。溯游从(9)之，宛在水中央。

蒹葭萋萋，白露未晞(10)。所谓伊人，在水之湄(11)。

溯洄从之，道阻(12)且跻(13)。溯游从之，宛(14)在水中坻(15)。

蒹葭采采，白露未已。所谓伊人，在水之涘(16)。

溯洄从之，道阻且右(17)。溯游从之，宛在水中沚(18)。

(1)蒹(jiān)：没长穗的芦苇。(2)葭(jiā)：初生的芦苇。(3)苍苍：鲜明、茂盛貌。下文"萋萋"、"采采"义同。(4)为：凝结成。(5)所谓：所说的，此指所怀念的。(6)伊人：那个人，指所思慕的对象。(7)一方：那一边。(8)溯洄：逆流而上。下文"溯游"指顺流而下。一说"洄"指弯曲的水道，"游"指直流的水道。(9)从：追寻。(10)晞(xī)：干。(11)湄：水和草交接的地方，也就是岸边。(12)阻：险阻，(道路)难走。(13)跻(jī)：水中高地。(14)宛：宛然，好像。(15)坻(chí)：水中的沙滩。(16)涘(sì)：水边。(17)右：迂回曲折。(18)沚(zhǐ)：水中的沙滩。

图1 《诗经草木魂·采采卷耳》书影

葭，是初生的芦苇，通常我们也称呼它苇、芦等。这是我们比较熟悉的植物，特别是倡导环保以后，湿地公园开始在城市的周边多了起来，湿地公园就是芦苇喜欢生长的地方。它们生长在水边，风吹过来，摇曳生姿。

植物无言，但蕴含着情绪，《诗经》时代的先民已经有这样的感触，试想，将芦苇换成蔷薇，换成开得热烈的蔷薇，对一个人的思念还会苍茫、凄清吗?

《卷耳》

采采卷耳[1],不盈[2]顷筐。嗟我怀人[3],寘彼周行[4]。
陟彼崔嵬[5],我马虺隤[6]。我姑酌彼金罍[7],维以不永怀[8]。
陟彼高冈,我马玄黄[9]。我姑酌彼兕觥[10],维以不永伤[11]。
陟彼砠[12]矣,我马瘏[13]矣,我仆痡[14]矣,云何吁矣[15]。

(1)采采:采了又采。卷耳:野菜名,又叫苍耳。(2)盈:满。顷筐:浅而容易装满的竹筐。(3)嗟:叹息。怀:想,想念。(4)寘(zhì):放置。周行(háng):大道。(5)陟(zhì):登上。崔嵬(wéi):山势高低不平。(6)虺隤(huī tuí):疲乏而生病。(7)姑:姑且。金罍(lěi):青铜酒杯。(8)维:语气助词,无实义。永怀:长久思念。(9)玄黄:马因病而改变颜色。(10)兕觥(sì gōng):犀牛角做成的酒杯。(11)永伤:长久思念。(12)砠(jū):有土的石山。(13)瘏(tú):马疲劳而生病。(14)痡(pú):人生病而不能走路。(15)云:语气助词,没有实义。何:多么。吁(xū):忧愁。

采呀采呀采卷耳,卷耳究竟是一种什么样的植物呢?多年的争论后现在似乎有了共识,那就是苍耳子。苍耳子,别名粘不粘、小刺猬、相思菜,等等。苍耳子的嫩芽可以入馔,籽可以入药。碧青的果子周身密布倒刺,很容易勾连住采卷耳人的衣服,于是,这首诗的作者思维由此发散出去,全诗始于花草,终于对一个人的思念。

《卷耳》,看起来只在第一句说到了卷耳,可是,这首想念远行之人的诗,哪一句不是由卷耳生发出来的?让一种植物贯穿一首诗一篇文章的始终,有时候可以显而易见,有时候也可以如影随形。

《采薇》

采薇[1]采薇,薇亦作[2]止[3]。曰[4]归曰归,岁亦莫[5]止。靡[6]室靡家，猃狁[7]之故。不遑[8]启居[9]，猃狁之故。

采薇采薇，薇亦柔[10]止。曰归曰归，心亦忧止。忧心烈烈[11]，载[12]饥载渴。我戍[13]未定，靡使归聘[14]。

采薇采薇，薇亦刚[15]止。曰归曰归，岁亦阳[16]止。王事靡[17]盬[18]，不遑启处[19]。忧心孔[20]疚[21]，我行不来[22]！

彼尔维何？维常[23]之华。彼路斯何[24]？君子[25]之车。戎[26]车既驾，四牡[27]业业[28]。岂敢定居[29]？一月三捷[30]。

驾彼四牡，四牡骙骙[31]。君子所依，小人[32]所腓[33]。四牡翼翼[34]，象弭鱼服[35]。岂不日戒[36]？猃狁孔棘[37]！

昔[38]我往[39]矣，杨柳依依[40]。今我来思[41]，雨雪霏霏[42]。行道迟迟[43]，载渴载饥。我心伤悲，莫知我哀！

（1）薇：豆科野豌豆属的一种，学名救荒野豌豆，又叫大巢菜，种子、茎、叶均可食用。（2）作：指薇菜冒出地面。（3）止：句末助词，无实意。（4）曰：句首、句中助词，无实意。（5）莫：通“暮”，读音同“暮”，指年末。（6）靡（mǐ）室靡家：没有正常的家庭生活。靡，无。室，与“家”义同，所谓家室。（7）猃（xiǎn）狁（yǔn）：中国古代少数民族名。（8）不遑（huáng）：不暇。遑，闲暇。（9）启居：跪、坐，指休息、休整。启，跪、跪坐。居，安坐、安居。古人席地而坐，两膝着席，危坐时腰部伸直，臀部与足离开；安坐时臀部贴在足跟上。（10）柔：柔嫩。“柔”比“作”时的薇要长大一点，指刚长出来的薇菜柔嫩的样子。（11）烈烈：炽烈，形容忧心如焚。（12）载（zài）饥载渴：则饥则渴、又饥又渴。载……载……，即又……又……的句式。（13）戍（shù）：防守，这里指防守的地点。（14）聘（pìn）：问候的音信。（15）刚：坚硬。（16）阳：农历十月，小阳春季节。今天我们还听老人们会说“十月小阳春”，十月指农历十月，意思是到了农历十月，天气还有一点像春天呢。（17）靡：无。（18）盬（gǔ）：止息，了结。（19）启处：休整，休息。（20）孔：甚，很。（21）疚：病，苦痛。（22）我行不来：意思是：我不能回家。来，回家。（一说，我从军出发后，还没有人来慰问过）（23）常：常棣

（棠棣），即芣苡，植物名。（24）路：高大的战车。斯何，犹言维何。斯，语气助词，无实义。（25）君子：指将帅。（26）戎（róng）：车，兵车。（27）牡（mǔ）：雄马。（28）业业：高大的样子。（29）定居：犹言安居。（30）捷：胜利。谓接战、交战。一说，捷，邪出，指改道行军。此句意谓，一月多次行军。（31）骙（kuí）：雄强，威武。这里的骙骙是指马强壮的意思。（32）小人：指士兵。（33）腓（féi）：庇护，掩护。（34）翼翼：整齐的样子。谓马训练有素。（35）弭（mǐ）：弓的一种，其两端饰以骨角。一说弓两头的弯曲处。象弭，以象牙装饰弓端的弭。鱼服，鲨鱼鱼皮制的箭袋。（36）日戒：日日警惕戒备。（37）棘（jí）：急。孔棘，很紧急。（38）昔：从前，文中指出征时。（39）往：当初从军。（40）依依：形容柳丝轻柔、随风摇曳的样子。（41）思：用在句末，没有实在意义 （42）雨：音同玉，为“下”的意思。霏（fēi）霏：雪花纷落的样子。（43）迟迟：迟缓的样子。

《诗经》将赋比兴的写作手法发挥到了极致。明明是一首思乡之曲，作者却用一种植物来开题，用不同季节那种叫“薇”的植物的不同形态，将自己愁绪遍布戍边的每一个日子。

当然，我们可以这么写这一首诗：一月，就想回家了，可到了岁末，却还不能兑现。意思在了，意境没了。我们难以想象，大白话地一路写下来，能不能激发诗人写出千古名句“昔我往矣，杨柳依依。今我来思，雨雪霏霏”这么巧妙的比附。《诗经》的作者对日常生活观察得非常仔细，仅《采薇》而言，对豆苗这种植物生长的痕迹记录得细致入微。

假如没有那朵紫色花，还会有《仲夏夜之梦》吗？

《仲夏夜之梦》，是莎士比亚四大喜剧中的一部。其中的一幕，被选入过中学课本。

我读过剧本，也到剧场去看过演员们表演的《仲夏夜之梦》，还看过根据《仲夏夜之梦》改编的电影。可是，莎士比亚“暗藏”在这部戏剧里的“一把钥匙”，我却从来没有意识到。直到遇到了一本书——《杂草的故事》。

理查德·梅比，英国植物学作家、主持人，《杂草的故事》的作者。二十五六岁时，理查德·梅比已经是一家全球最著名的出版公司的编辑，可不知道为什么，他所在的编辑部的办公室，却在伦敦的城乡结合部。想象一下城乡结合部的样子：一栋栋簇新的高楼大厦之间，会有几块被暂时抛荒的土地。理查德·梅比办公室的窗外，就有这么一块荒地。那块荒地上，长满了杂草，理查德·梅比在《杂草的故事》里这样描述：杂草绿意汹涌。不是盎然的绿意而是汹涌的绿意，这让我们体会到，理查德·梅比和他的同事一样，曾经无比嫌弃这些荒地里的杂草。

跟很多白领一样，理查德·梅比也喜欢在午饭后到办公楼外走一走。无处可去，他只好一次次走进他办公室窗外的那一处荒地。一次次与这些杂草“亲密接触”，曾经让梅比先生倍感讨厌的杂草，竟然被他看出好来，慢慢地，理查德·梅比的头脑中生出一个念头：为杂草写一本书。

图 2 《杂草的故事》封面

关于杂草，我印象最深刻的，就是加拿大一枝黄花。在我们这座城市，这种有着嫩黄色花蕊、浅绿色茎叶的植物，从路边死水旁的一两株到一大片一大片地晃人的眼，仿佛也就是须臾之间的事情，而政府将铲除加拿大一枝黄花当成一件大事，则让我对杂草充满了嫌恶。那么，加拿大一枝黄花是不是天生就是杂草呢？《杂草的故事》告诉我们，先比人类来到地球的植物，生来是没有贵贱之分的。比如，玫瑰与爱情之间画着等号，加拿大一枝黄花虽也貌美如花，却是一株杂草，是我们人类给它们的标签。

所以，虽然书名叫《杂草的故事》，但作者理查德·梅比其实是用了“耸人听闻”的书名来为世上的花花草草建立档案。

《杂草的故事》总共12章，每一章都用一种花草名字做标题，贯叶泽兰、侧金盏花、萹蓄、宽叶车前、夏枯草、三色堇、牛膝菊、牛蒡、格雷尔达、柳兰、三尖树、肖迪奇的兰花。仅从目录来看，读者会以为，理查德·梅比只选用了12种花草来讲述杂草的故事，其实，12个标题后面都有一个副标题，比如，《侧金盏花》这一篇的副标题是“比人类更古老的杂草”；《三色堇》的副标题是“杂草与三个作家的故事”；《牛蒡》的小标题是“叶子只为装点庭院”……原来，每一个用花草做关键词的标题，都讲述了一个甚至几个与关键词有关的故事。《贯叶泽兰》的这一章节，行文中一定会讲到贯叶泽兰的相貌以及习性，“随处可见的平凡杂草”才是该章节的叙述主题，且写得非常有意思。

这本书最让我醍醐灌顶的，是理查德·梅比告诉我们，莎士比亚的作品经常会写到花草植物。理查德·梅比的提醒，让我想起了我学生时期看过的一部根据《哈姆雷特》拍摄而成的电影《王子复仇记》，由英国著名演员劳伦斯·奥利弗导演并主演。这部拍摄于20世纪40年代的电影，虽然是黑白片，但是，当欧菲利亚漂浮在水面上慢慢逝去时，她脖子上挂着的花环在观众眼里却是五彩缤纷的。可是，欧菲利亚脖子上的花环再美丽，那也是莎翁戏剧中的点缀，理查德·梅比居然认定是花草成全了《仲夏夜之梦》，这真的让我很不服气，只好找出莎翁的原著再读一遍。

《仲夏夜之梦》是一出爱情喜剧：在古老而繁荣的雅典城，最受人尊敬的特修斯公爵就要结婚了，婚礼正在有条不紊地准备中。与此同时，伊吉斯要将他的女儿赫米娅许配给门当户对的贵族青年迪米特吕斯。得知父亲的主意后，赫米娅坚决不同意，因为她已经爱上了青年拉山德。这一桩父女纷争被提交到了特修斯公爵那里，公爵忖度后命令赫米亚服从父亲的安排。公爵的这个决定让赫米娅和拉山德痛苦不已，他们不甘屈服决定私奔。赫米亚的好友、深爱着迪米特吕斯的海丽娜故意将赫米娅他们私奔的消息透漏给了迪米特吕斯，她想让这位贵族青年知道，他的拉郎配对象赫米娅并不爱他，爱他的人是自己海丽娜！但是，迪米特吕斯不想咽下这口气，他想听到赫米娅亲口说出“不喜欢”这三个字，就一路追了过去，这让跟随在迪米特吕斯身后的海丽娜非常生气又无可奈何。他们在一片树林里相遇了，恰好遇见一群业余演员，他们要在树林里排练在公爵婚礼上表演的节目。为了到底谁爱谁而争论不休的两对男女和正热闹地排练着节目的演员们都没有意识到，精灵们的秘密家园离他们越来越近了，而精灵们也正在争论不休。为了让仙后安静下来，仙王奥布朗命令精灵迫克去寻找一种奇异的爱情花汁，顺便也将赫米娅与拉山德、迪米特吕斯与海丽娜之间的爱情苦恼解决掉，“……一朵小小的花，那花本来是乳白色的，现在已因爱情的创伤而被染成了紫色，少女们把它称作‘爱懒花’。去给我把那花采来。我曾经给你看过它的样子。它的汁液如果滴在睡着的人的眼皮上，无论男女，醒来一眼看见什么生物，都会发疯似的对它爱恋……”精灵也有大意时，迫克的大意，使得演员波特变成了驴子，成了眼皮被滴了花汁的仙后仆人提塔尼亚的情人，至于原本就错综复杂的两对青年男女之间的爱情，更是在花汁的作用下演出了一场混乱的滑稽戏。幸好，仙王奥布朗始终清醒着，在他的拨乱反正下，仙后顺从了仙王的意志，答应仙王从此做一个温柔的好妻子，两对青年人也与各自的爱人牵起了手，而波特也变回人，还收获了一份意料之外的爱情。雅典城内，一片欢快景象，人们用载歌载舞的方式庆祝公爵特修斯大婚。

假如没有“爱懒花”的花汁作为《仲夏夜之梦》的“关键先生”，真不知道莎士比亚还能想出什么样的戏剧手段让天下有情人终成眷属。可见，理查德・梅比说是花草成全了《仲夏夜之梦》，一点儿也不夸张。

我们仔细阅读莎士比亚的剧本会发现，除了爱懒花，莎翁的作品中遍地都是花花草草。

三个英国女人与植物的故事

川宁（TWININGS）是由英国人托马斯・川宁创建的茶叶品牌。

公元1706年，川宁先生以自己的名字托马斯为店招，在英国开设了一家咖啡馆。这家咖啡馆，被视作后来风靡全世界的茶叶品牌的发祥地。被我们汉语译作“川宁”的家族，除了向英国向全世界贡献了一种茶饮品牌外，还贡献了一位善于以植物入画的女作家伊丽莎白・川宁。

托马斯·川宁的孙子理查德·川宁与伊丽莎白·玛丽·史密西斯结婚以后一共生育了9个孩子，伊丽莎白·川宁是9个孩子中的一个。在西方，让自己的孩子使用自己的名字是不是表明那孩子是爸爸妈妈的最爱？不过，这个跟妈妈同名的女孩，在茶叶之外又为川宁家赢得了荣誉。

图3　川宁红茶

1805年出生，在富人区长大，伊丽莎白·川宁从小就接受绘画艺术的熏陶。当她还是个小女孩时，英国有一本非常畅销的杂志叫《柯蒂斯植物学杂志》。这本创刊于1781年的杂志，直到今天还在英国出版。

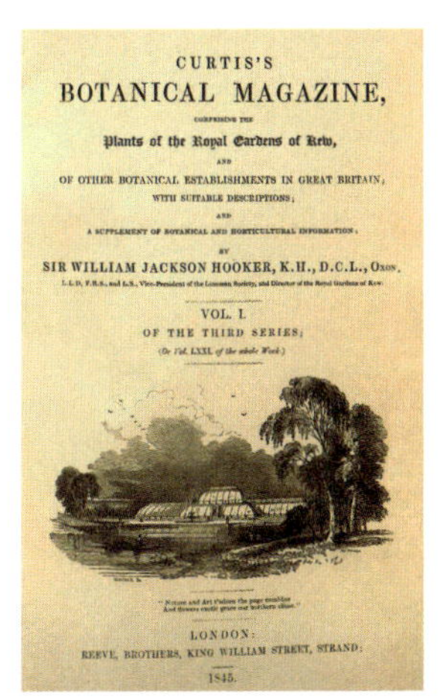
CURTIS'S
BOTANICAL MAGAZINE,
Plants of the Royal Gardens of Kew,
OF OTHER BOTANICAL ESTABLISHMENTS IN GREAT BRITAIN;
WITH SUITABLE DESCRIPTIONS;
SIR WILLIAM JACKSON HOOKER, K.H., D.C.L., Oxon.
VOL. I.
OF THE THIRD SERIES;
LONDON:
REEVE, BROTHERS, KING WILLIAM STREET, STRAND;
1845.

图4《柯蒂斯植物学杂志》封面

杂志的创办人柯蒂斯，出生在英国南部一个小镇上。这个好学的孩子很早就不得不退学，跟着从医的祖父当学徒。不过，对一个善于学习的孩子来说，哪里都是课堂，他一边跟着祖父学习医学常识，一边执着地保留着孩提时的兴趣，琢磨植物。他花了大量时间去学习植物学知识，几乎把口袋里的每一分钱都用来买植物学方面的书了。等到从祖父那里出师后，柯蒂斯已经是一名合格的药剂师。但他对药剂师这个职业实在没有兴趣。不过，药剂师毕竟是一个铁饭碗，在自己不感兴趣的铁饭碗和自己难以割舍的爱好植物学之间犹豫了很久，柯蒂斯还是决定放弃祖父教会他的技艺。那么，到哪里去找一份既能将自己的爱好发扬光大又能养活自己的工作呢？在找来找去都不能令自己称心如意的情况下，柯蒂斯萌生了一个念头：创办一本像大众推介植物学常识的杂志。创意有了，创办杂志的资金又在哪里呢？柯蒂斯的朋友们得知他的心事后纷纷表示，他们觉得以他对植物的浓厚兴趣想要创办一本植物学杂志，一定会成功！在朋友们的帮助和鼓励下，《柯蒂斯植物学杂志》问世了。这是一本科学与艺术完美结合的杂志，影响了一代又一代英国人，其中

图 5　伊丽莎白·川宁画像

就有一个名叫伊丽莎白·川宁的小女孩。

起先，伊丽莎白·川宁依照《柯蒂斯植物学杂志》上的图谱依样画葫芦。画着画着，伊丽莎白不满足亦步亦趋了，她开始到大自然里寻找绘画的“模特儿”，她越画越多，终于形成了伊丽莎白·川宁画笔下的植物世界。

我们现在去英国伦敦大英博物馆，机缘巧合，我们也许能正好碰上博物馆正在展出馆藏的伊丽莎白·川宁作品，我们会看到，这位英国女士用水彩将自己在构图、勾线和施色方面的天赋表现在了植物绘画上，她画笔下的植物，绿叶丰腴鲜润，轮廓线婀娜妖娆，而那些本该最摇曳多姿的花朵，倒显得异常文雅。伊丽莎白·川宁画笔看似“见山是山”，可我们还是从她画笔下的花花草草，感悟到了画家的情感色彩。

图 6　川宁的画（1）

图 7　川宁的画（2）

画犹如此，假如伊丽莎白·川宁用文字记录下她眼睛里的花和树，会是一番怎样的景象？事实上，伊丽莎白·川宁留下了两本书。如果能够找到那两本书，与她的画对读，倒也相映成趣。

图 8
图 9
图 10
图 11
图 12
图 13
图 14

图 8—14　均为《柯蒂斯植物学杂志》中的插图

相比伊丽莎白·川宁，另一位英国女作家我们就熟悉多了，她就是彼得兔的创意者，毕翠克丝·波特。

在用自己的画笔为这个世界创造了一个日后备受一代又一代小朋友喜爱的“大人物”彼得兔之前，毕翠克丝·波特更钟爱的事业其实是研究植物。

波特家有一位在化学学科上学有所长的专家，大约在1890年前后，这位专家利用自己的特权为毕翠克丝办了一张当时不怎么对女性开放的英国皇家植物园的学员证。拿到这张学员证后，争气的毕翠克丝非常珍惜这个机会，她刻苦学习，很快被破格荣升为植物园的研究员。1897年，毕翠克丝将一篇关于菌菇培植的论文上交给了专门研究生物分类的伦敦林奈协会，这一回，专家的特权也帮不了毕翠克丝，因为她是女性，她的论文不能署上自己的名字，也不能参加学术研讨会，她的论文更没有引起被男人垄断的学术界的重视。伤心的毕翠克丝想了又想：自己已经31岁，既然没法在生物科学领域大展宏图，那就放下吧。她毅然决然地放弃了植物研究，从伦敦搬到英国北方的湖区，过起了“采菊东篱下”的悠闲生活，心情愉快时就在卡片上画些花草、画些小动物，让波特家的后辈通过这些卡片认识花草、认识小动物。

不知不觉中，毕翠克丝为波特家的孩子们画的卡片已成规模，毕翠克丝灵机一动：能不能公开出版这些卡片上的画呢？可是，那些出版商们根本看不上花团锦簇中的那只可爱的小兔子！毕翠克丝气坏了，自己的画作出版了也没人在乎？她就不信这个邪，再加上波特家有钱，于是，毕翠克丝自费出版了几本小册子。

这下可让那些拒绝过毕翠克丝的出版商大跌眼镜了。总共23本以彼得兔为主角的绘本，一经出版就行销海内外，并经久不衰。这只小兔子为毕翠克丝带来了多少稿酬？反正，毕翠克丝的后半生不再创作，只顾忙着做妈妈、做奶奶、做外婆。即便如此，时至今日，世界上还有无数的孩子在惦记着那只可爱的彼得兔。

图 15　毕翠克丝·波特画像

图 16　毕翠克丝·波特

生前，毕翠克丝·波特将她的画稿捐给了伦敦的维多利亚和阿尔伯特博物馆。今天，如果我们有机会去伦敦，一定要去维多利亚和阿尔伯特博物馆看看，看到彼得兔的时候，千万注意一下彼得兔的生活背景。早年的植物研究到底还是留在了毕翠克丝·波特的记忆里，她将自己对植物的爱全都画到了彼得兔的故事里。我们的目光越过彼得兔去关注那些花草那些灌木，就会发现，画面记录也好，文字记录也好，都离不开在看似平淡无奇的日常生活中注意观察。仔细观察，会让我们发现日常生活中的趣味。谁说彼得兔是上帝送给毕翠克丝的灵感？假如没有在湖区与花花草草、小动物们日夜厮守的日子，毕翠克丝·波特能画出精灵一般的彼得兔吗？

英国皇家植物园，一定是一个令人着迷的地方。它让彼得兔的妈妈爱之、恨之，也让一位名字如雷贯耳的英国女作家专门为它写了一本书，书名就叫《英国皇家植物园》。用一本书来推荐自己喜欢的植物园，她还嫌自己没有穷尽对它的爱，又请来自己的姐姐为这本书画插图。这位女作家，就是弗古尼亚·伍尔夫，她的姐姐，在布里姆斯伯、在伦敦、在英国、在全世界都名声响亮，她叫瓦妮莎。

卵形的花坛里栽得有百来枝花梗，从半中腰起就满枝都是团团的绿叶，有心形的也有舌状的；梢头冒出一簇簇花瓣，红的蓝的黄的都有，花瓣上还有一颗颗斑点，五颜六色，显眼极了。

不管是红的、蓝的，还是黄的，那影影绰绰的底盘儿里总还伸起一根挺直的花柱，粗头细身，上面乱沾着一层金粉。

花瓣张得很开，所以夏日的和风吹来也能微微掀动；花瓣一动，那红的、蓝的、黄的光彩便交叉四射，底下褐色的泥土每一寸都会沾上一个水汪汪的杂色的斑点。

亮光或是落在光溜溜灰白色的鹅卵石顶上，或是落在蜗牛壳棕色的螺旋纹上，要不就照上一滴雨点，点化出一道道稀薄的水墙，红的，蓝的，黄的，色彩之浓，真叫人担心会浓得迸裂，炸为乌有。

然而并没有迸裂，转眼亮光一过，雨点便又恢复了银灰色的原样。亮光移到了一张叶片上，照出了叶子表皮底下枝枝杈杈的叶脉。

亮光又继续前移，射到了那天棚般密密层层的心形叶和舌状叶下，在那一大片憧憧绿影里放出了光明。这时高处的风吹得略微强了些，于是彩色的亮光便转而反射到顶上辽阔的空间里，映入了在这七月天来游邱园的男男女女的眼帘。

选自弗吉尼亚·伍尔夫的短篇小说《邱园记事》的这个片段，让我们体会到了她对植物的爱。

三位英国女作家，不论是用绘本还是用画面抑或是用文字，打算把她们眼里的植物呈现给我们时，都认认真真地完成了三个步骤：第一步一定是仔细观察；第二步是沉醉其中；第三步是用笔忠实地描摹出来，或者是具象的画面，或者是抽象的文字。

这三个步骤，大概是写作的必由之路。

梭罗的《瓦尔登湖》

当伊丽莎白·川宁正在用细腻的笔触、艳丽而含蓄的色彩以及妖娆的姿态将自己看到的花花草草呈现出来的同时，在大洋彼岸的美国，有一个男作家，正从城市里抽身而出，投身到大自然的怀抱，他就是亨利·戴维·梭罗，后来以一部《瓦尔登湖》闻名于世。

梭罗毕业于哈佛大学，那一年是1837年。

1829年，杰克逊当选美国总统。杰克逊宣誓就职后不久，就认定发行流通货币的第二合众国银行的信贷政策影响了美国经济的发展，他决定关闭第二合众国银行。没想到，杰克逊此举引发了美国1837年的经济大恐慌：股票价格下跌，破产很快蔓延至所有的行业，全美90%的工厂关了门，失业率奇高，还有成千上万的人失去了自己的土地……美国历史上第一次经济萧条是不是梭罗在家乡教了4年书后，决定迁居到瓦尔登湖畔实践爱默生的超验主义理论的原因之一？

什么叫超验主义？**超验主义主张人能超越感觉和理性而直接认识真理，认为人类世界的一切都是宇宙的一个缩影**。爱默生听说梭罗愿意放弃家乡的教职去瓦尔登湖畔实践他的超验主义后，非常支持。爱默生的支持，更坚定了梭罗的信心，1845年7月4日梭罗开始了为期两年的试验，到瓦尔登湖畔尝试过一种简单的隐居生活。两年以后，1847年9月6日梭罗离开瓦尔登湖，重新和住在康科德城的他的朋友兼导师拉尔夫·沃尔多·爱默生一家生活在一起。

图17　中文版《瓦尔登湖（全注疏本）》封面

瓦尔登湖畔的两年，为梭罗在7年后完成举世闻名的《瓦尔登湖》准备了丰富的素材。或许有人会问：既然书名叫《瓦尔登湖》，梭罗为什么不在居住在瓦尔登湖畔时或者刚刚从湖畔归来住进爱默生家的那段日子里完成，而非要让素材发酵那么多年？这是写作者对自己更高层次的要求。也正因如此，薄薄的《瓦尔登湖》会成为世界上那么多读者的枕边书。我们先搁下《瓦尔登湖》的多重内涵，来看看梭罗这个健壮的蓝眼睛美国男人是怎么宠溺瓦尔登湖畔的花花草草的：

有时，我漫步在弗林特湖畔的雪松树林，那些参天大树上挂满了灰白色的蓝莓，树干越长越高，移植到瓦尔哈拉殿堂前倒十分相宜；而杜松的藤蔓盘绕交错，果实累累匝地；有时，我信步来到沼泽地带，只见白杉上倒悬着花彩似的松罗地衣，满地都是伞菌，它们是沼泽地众神的一张张圆桌子，而分外美丽的香菌则点缀在树根周围，像蝴蝶、像彩贝，也像植物蛾螺；那儿长着石竹和山茱萸，红色的桤木浆果活像小精灵的眼珠子；就算是最坚硬的树木，也会给蜡蜂啃成累累凹痕而毁掉；可野冬青的浆果，端的是美极了，令人看了流连忘返；还有好多好多别的不知名的野生禁果，也都是光艳夺目，挺诱人，味儿太美了，凡夫俗子是断乎没尝过的。(《瓦尔登湖·贝克农场》)

一本《瓦尔登湖》，这样的描述比比皆是。所以，我们怎么判断一本书的读者对象？任何一本书，对于识字量达到一定程度的读者而言，都是合适的读物，就《瓦尔登湖》而言，我们不必纠结于能否理解其中的超验主义理论，跟着梭罗的笔去领略瓦尔登湖畔的花花草草就挺好。当然，如果我们能跟着梭罗写起来，那就更完美了。

苇岸的《大地上的事情》

1988 年，毕业于中国人民大学哲学系的苇岸放弃了追求高头讲章，把写作这件事落到了实处，写大地上的事情。

开放性散文“大地上的事情”写到第 10 年 1998 年，苇岸更加明确了他的写作意图，就把将要进行的写作定名为《一九九八　廿四节气》。顾名思义，苇岸想立足在一个点上，将中国传统文化的二十四节气相交之际草木的更迭变化用照相机拍摄下来，用文字记录下来。那么，苇岸选择了哪个点呢？他选择了自己最熟悉的地方、他的家乡北京市昌平北小营村。苇岸在家附近选择了一块农地，在每一节气的上午九点，观察、拍照、记录，最后形成一段笔记。可惜的是，《一九九八年　廿四节气》写到“霜降”节气便戛然而止了，因为，作家苇岸因病于 1999 年 5 月 19 日谢世，享年 39 岁。

生命虽然被病魔掠夺，但是，苇岸用生命的最后时刻记录下来的《一九九八　廿四节气》，却深深地打动了读者，因为书里灌注着作者的真诚，他观察起大地上的事情时又一丝不苟，从而使得《大地上的事情》成为一本至今都独一无二的佳作。

图 18 《大地上的事情》书影

《大地上的事情》第四辑中有一篇文章题为《我与梭罗》，文章中有这样一句话：“梭罗近两年（1998 年）在中国仿佛忽然复活了，《瓦尔登湖》一出再出，且在各地学人书店持续荣登畅销书籍排行榜，大约鲜有任何一位 19 世纪的小说家或诗人的著作出现过这种情况，显示了梭罗的超时代意义和散文作为一种文体应有的力量。”苇岸对梭罗的崇敬之情和《大地上的事情》对《瓦尔登湖》的致敬之情，显而易见。

《我与梭罗》这篇文章收录在《大地上的事情》的第四辑，而整本《大地上的事情》共有四辑，分别为“大地上的事情”“一九九八　廿四节气”“去看白桦树”和“泥土就在我身旁”，每一辑都与作家热爱的泥土、花草、昆虫、小动物息息相关，此刻，我们就选择《一九九八　廿四节气》中的片段来体会苇岸对大地的一片深情：

立夏

日期：农历四月十一；公历 5 月 6 日。

时辰：丑时 1 时 40 分。

天况：阴。

气温：22℃—13℃。

风力：三四级

【阴（云无形态，太阳偶尔能显出圆形）。气温：22℃—13℃。风力：三四级（近午刮起来）。

听到了远处“四声杜鹃”的声音。树木的叶子已充分舒展开来，绿色也由浅绿、新绿向深绿和墨绿过渡。洋槐花已开放约十天，似盛期已过，叶子已遮掩了花。农民正在麦田拔一种类似野花的草，水也刚浇过。依然是喜鹊。飞过两只乌鸦。】

我们来看看，苇岸先生的观察有多么细致：“麦子已经抽穗了，麦芒耸立着，剑拔弩张的样子，但剥开，尚未形成麦粒，空的。”他不仅用眼睛看，还用手去抚摸过麦穗，所以“但剥开，尚未形成麦粒，空的”。那么，作家的描述是我们不可模仿的吗？虽然，我们很难像苇岸那样靠近麦子，抚摸麦子，可我们有属于我们的花花草草，不是吗？

霜降

日期：农历九月初四；公历10月23日。

时辰：子时23时3分。

天况：晴。

气温：20℃—7℃。

风力：二三级。

【20℃—7℃，晴，二三级风。

昼夜温差很大，室内已有阴冷感，特别是晚上。连续的晴天。

树叶主体色依然是绿色。杨、槐、柳等尤为明显。椿的叶子，掉的多，枫夹杂些许红叶。

天空湛蓝，一尘不染（无一丝云）。从中央到边缘，蓝色淡化。这与历史恰好相反——当代史浑浊，古代史清晰。

上午已是人们寻求阳光的时候，人们站在向阳处，仿佛冬天已来临一样。

秋虫已完全绝迹，没有了它的鸣声。在果园内走，我惊飞了两只喜鹊。它们惊叫着。

麦田一片新绿，麦苗已高过田埂，似水溢上来，休耕地上的野草有一种遥看草色的绿色，浅浅的一层覆盖在土地上。

远山清晰，蓝紫色。空旷的田野，村庄隔着道路两旁的树木相望。杨树大半部叶子已近落光，鸟巢在渐渐显露出来。

飞行无常的褐色云雀、灰喜鹊。

一切都很醒目，大地上的绿色压住了晚秋的枯黄杂草、庄稼，仿佛像早春。

红旗，烟囱吐出的烟，一块玻璃的反光。建筑。

（老头说，霜降应降冰碴。）】

与“立夏”一样，记录的是苇岸细致观察到的物事：“树叶主体色依然是绿色。杨、槐、柳等尤为明显。椿的叶子，掉的多，枫夹杂些许红叶。天空湛蓝，一尘不染（无一丝云）”。

但是，“霜降”比“立夏”丰富了一些，“从中央到边缘，蓝色淡化。这与历史恰好相反——当代史浑浊，古代史清晰”，这一生发，充分显示了作者所经受过的历练。这也是我们在写作时常遇到的瓶颈：我们没有苇岸先生的见识。这不是我们懒惰于提笔写作的理由。假以时日，我们经历丰富了，我们的见识也会丰满起来。可到那时我们做得到像苇岸先生那样观察得细致记录得巨细靡遗吗？

廿四节气的最后一个，是大寒。令人感到惋惜的是，《一九九八　廿四节气》到“霜降”就戛然而止了。为什么？病入膏肓的苇岸已经写不动了。

他把自己的生命写进了《大地上的事情》。

开始写作

从中国的《诗经》，到英国的三位女作家，再到美国的梭罗；从《杂草的故事》，到《大地上的事情》，讲了这么多故事，无非是想证明一件事：写作不难，只要细心观察、勤于记录，我们也能为我们眼中的花花草草立传。

那么，开始吧。

练习题一：自家的晒台上有盆栽吗？选择其中的一盆，从春天将来未来之际就开始为它写日记，等到它绽放或葳蕤的时候，用一个漂亮的结尾将之前的记录连缀起来，看一看，我们得到了一篇什么样的文章！

练习题二：或者春天、或者夏天、或者秋天，我们选择这三个季节中的任意一天去住家附近的一处公园，仔细观察后，写一篇春天的消息，或者夏天的灿烂，又或者秋天的深情。

赶紧去读

1.〔英〕理查德·梅比著，陈曦译：《杂草的故事》，译林出版社，2015 年。

推荐理由：假如没有爱懒花，莎士比亚就没有办法把《仲夏夜之梦》这出戏演完，理查德·梅比讲的这个故事是不是很有趣？那只是《杂草的故事》中有趣的故事中的一个，这算不算推荐理由？用好故事揭秘许多杂草的前生今世，这就是《杂草的故事》。

2.〔英〕安德里亚·哈特编著，张一罾译：《女性艺术家与大自然的肖像》，江苏凤凰美术出版社，2016年。

推荐理由：这本书记载了近三个世纪以来女性艺术家的艺术作品，其中包括伊丽莎白·川宁的作品。这本书，是“三个英国女人与植物的故事”的延伸，告诉我们近三个世纪以来这个世界上有多少女性用画笔和文字记录着千姿百态的植物世界。

3. 汪曾祺：《人间草木》，江苏文艺出版社，2005年。

推荐理由：这不是一本专门为人间草木立传的书，但作者汪曾祺是一位散文大家，书里的文章只要一写到草木，就出手不凡：酒店院子里有一架大木香花。昆明木香花很多。有的小河沿岸都是木香。但是这样大的木香却不多见。一棵木香，爬在架上，把院子遮得严严的。密匝匝的细碎的绿叶，数不清的半开的白花和饱涨的花骨朵，都被雨淋得湿透了。我们走不了，就这样一直坐到午后。四十年后，我还忘不了那天的情味……尤其推荐《葡萄月令》，读完你就知道了，好文章与细心观察之间的关系。

第三章

笔下的昆虫世界原来那么多姿呀

说到《诗经》中一首题为《豳风 · 七月》的诗，恐怕会有人觉得陌生。可是，一说到“七月流火”，恐怕很多人会恍然大悟地“噢”一声。《诗经》中“七月流火”可以说是被后人引用最多的诗句之一。那就能表明我们已经正确地理解了“七月流火”的意思吗？

我曾经是一家学生类报刊的编辑，在那个岗位上一做就是 23 年，先是责任编辑，再是编辑部主任，最后是主管业务的副总编。在这 23 年中，遇见过多少位将“七月流火”误用在文章里的作者。

很多人都觉得，“七月流火”意为天气炎热。那么，“七月流火”到底是不是天气炎热的意思呢？

《诗经》时期，昆虫与我们的关系

《七月》

七月流(1)火，九月授衣(2)。一之日(3)觱(4)发，二之日栗烈(5)。无衣无褐(6)，何以卒岁(7)？三之日于(8)耜(9)，四之日举趾(10)。同我妇子，馌(11)彼南亩(12)。田畯(13)至喜(14)。

七月流火，九月授衣。春日载阳(15)，有鸣仓庚(16)。女执懿筐(17)，遵(18)彼微行(19)，爰求柔桑。春日迟迟，采蘩(20)祁祁(21)。女心伤悲，殆及公子(22)同归。

七月流火，八月萑苇(23)。蚕月(24)条(25)桑，取彼斧斨(26)。以伐远扬(27)，猗(28)彼女桑(29)。七月鸣鵙(30)，八月载绩(31)。载玄载黄，我朱(32)孔阳(33)，为公子裳。

四月秀葽(34)，五月鸣蜩(35)。八月其获，十月陨(36)萚(37)。一之日于貉，取彼狐狸，为公子裘。二之日其同(38)，载缵(39)武功(40)。言私其豵(41)，献豜(42)于公。

五月斯螽(43)动股(44)，六月莎鸡(45)振羽。七月在野，八月在宇，九月在户，十月蟋蟀，入我床下。穹窒(46)熏鼠，塞向(47)墐(48)户。嗟我妇子，曰为改岁[49]，入此室处。

六月食郁[50]及薁[51]，七月亨[52]葵[53]及菽[54]。八月剥枣，十月获稻。为此春酒，以介[55]眉寿[56]。七月食瓜，八月断壶[57]，九月叔[58]苴[59]，采荼[60]薪[61]樗[62]。食我农夫。

九月筑场圃，十月纳禾稼。黍稷重[63]穋[64]，禾麻菽麦。嗟我农夫，我稼既同，上[65]入执宫功[66]。昼尔于茅[67]，宵尔索绹[68]，亟[69]其乘屋[70]，其始播百谷。

二之日凿冰冲冲[71]，三之日纳于凌阴[72]。四之日其蚤[73]，献羔祭韭。九月肃霜[74]，十月涤场[75]。朋酒[76]斯飨[77]，曰杀羔羊，跻[78]彼公堂[79]。称[80]彼兕觥[81]：万寿无疆！

（1）流：落下。火：星名，又称大火。（2）授衣：叫妇女缝制冬衣。（3）一之日：周历一月，夏历十一月。以下类推。（4）觱（bì）发：寒风吹起。（5）栗烈：寒气袭人。（6）褐（hè）：粗布衣服。（7）卒岁：终岁，年底。（8）于：为，修理。（9）耜（sì）：古代的一种农具。（10）举趾：抬足，这里指下地种田。（11）馌（yè）：往田里送饭。（12）南亩：南边的田地。（13）田畯（jùn）：农官。（14）喜：请吃酒菜。（15）载阳：天气开始暖和。（16）仓庚：黄鹂。（17）懿筐：深筐。（18）遵：沿着。（19）微行：小路。（20）蘩：白蒿。（21）祁：人多的样子。（22）公子：诸侯的女儿。归：出嫁。（23）萑（huán）苇：芦苇。（24）蚕月：养蚕的月份，即夏历三月。（25）条：修剪。（26）斧斨（qiāng）：装柄处圆孔的叫斧，方孔的叫斨。（27）远扬：向上长的长枝条。（28）猗（yī）：攀折。（29）女桑：嫩桑。（30）鵙（jú）：伯劳鸟，叫声响亮。（31）绩：织麻布。（32）朱：红色。（33）孔阳：很鲜艳。（34）秀葽（yāo）：秀是草木结籽，葽是草名。（35）蜩（tiáo）：蝉，知了。（36）陨：落下。（37）萚（tuò）：枝叶脱落。（38）同：会合。（39）缵：继续。（40）武功：指打猎。（41）豵（zōng）：一岁的野猪。（42）豜（jiān）：三岁的野猪。（43）斯螽（zhōng）：蚱蜢。（44）动股：蚱蜢鸣叫时要弹动腿。（45）莎鸡：纺织娘（虫名）。（46）穹室：堵塞鼠洞。

（47）向：朝北的窗户。（48）墐：用泥涂抹。（49）改岁：除岁。（50）郁：郁李。（51）薁（yù）：野葡萄。（52）亨：烹。（53）葵：滑菜。（54）菽：豆。（55）介：求取。（56）眉寿：长寿。（57）壶：同“瓠”，葫芦。（58）叔：拾起。（59）苴（jū）：秋麻籽，可吃。（60）荼（tú）：苦菜。（61）薪：砍柴。（62）樗（chū）：臭椿树。（63）重：晚熟作物。（64）穋（lù）：早熟作物。（65）上：同“尚”。（66）宫功；修建宫室。（67）于茅：割取茅草。（68）索綯（táo）：搓绳子。（69）亟：急忙。（70）乘屋：爬上房顶去修理。（71）冲冲：用力敲冰的声音。（72）凌阴：冰室。（73）蚤：早，一种祭祖仪式。（74）肃霜：降霜。（75）涤场：打扫场院。（76）朋酒：两壶酒。（77）飨（xiǎng）：用酒食招待客人。（78）跻（jī）；登上。（79）公堂：庙堂。（80）称：举起。（81）兕觥（sì gōng）：古时的酒器。

七月流火，七月的火星子向着西方落下去了，天气开始转凉。当我们将“七月流火”放进原诗诵读一遍《诗经·豳风·七月》，就不会误解“七月流火”的意思。诵读一遍《七月》，我们还能体会到，《诗经》时代的先民，除了一年四季与花花草草耳鬓厮磨外，还与昆虫成了最好朋友，我们不妨将这几句诗读出声来：“五月斯螽动股，六月莎鸡振羽。七月在野，八月在宇，九月在户，十月蟋蟀，入我床下。”螽斯就是蚂蚱；莎鸡，纺织娘也；蟋蟀呢，就不用解释了。把这几句诗译成现代汉语：“五月蚱蜢弹腿叫 / 六月纺织娘振翅 / 七月蟋蟀在田野 / 八月来到屋檐下 / 九月蟋蟀进门口 / 十月钻进我床下。”动感十足，形象生动，可见我们祖先与昆虫之间的互动，无处不在。

就篇幅而言，另一首来自《诗经》的诗歌《蜉蝣》，与《七月》不可比拟：

蜉蝣[(1)]之羽，衣裳楚楚[(2)]，心之忧矣，於我归处。
蜉蝣之翼，采采[(3)]衣服，心之忧矣，於我归息。
蜉蝣掘[(4)]阅[(5)]，麻衣如雪，心之忧矣，於我归说[(6)]。

（1）蜉蝣：一种寿命极短的虫，其羽翼极薄并有光泽。（2）楚楚：鲜明的样子。(3)采采：华丽的样子。(4)掘：穿，挖。(5)阅：穴，洞。(6)说(shuō)：止息，歇息。

总共三行，每行16个字，仅仅48个字，《蜉蝣》的作者借蜉蝣来哀叹自己生命的短暂。没有比寿命极短的蜉蝣更适合借喻人生苦短了，可我们在此处引用《蜉蝣》，不是要感叹生命无常，而是要感受《诗经》年代人们对昆虫观察的细致以及记录的精心。如前所述，蜉蝣的生命极其短暂，吟诗的人却能准确捕捉到蜉蝣生命中的三种状态并将它们一一细致入微地记录下来。也许，我们一时还不具备由蜉蝣生命的短促而兴叹的写作能力，但是，细心观察、如实记录，我们还是可以尝试的。至于说到如何在自己的记录里融进深情厚谊——我们喜欢一样东西，就愿意花时间在我们喜欢的东西上，“日久生情”，这是一定的。一旦生了情，还怕无情可抒吗？

与昆虫厮守了一辈子的法国昆虫学家法布尔

先来读一读法布尔《蜣螂》中的一段，《圆球》。法布尔为什么给这个片段一个小标题“圆球”呢？我们边读边寻找答案。

圆　球

蜣螂第一次被人们谈到，是在过去的六七千年以前。古代埃及的农民，在春天灌溉农田的时候，常常看见一种肥肥的黑色的昆虫从他们身边经过，忙碌地向后推着一个圆球似的东西。他们当然很惊讶地注意到了这个奇形怪状的旋转物体，像今日布罗温司的农民那样。

从前埃及人想象这个圆球是地球的模型，蜣螂的动作与天上星球的运转相合。他们以为这种甲虫具有这样多的天文学知识，因而是很神圣的，所以他们叫它“神圣的甲虫”。同时他们又认为，甲虫抛在地上滚的球体，里面装的是卵子，小甲虫是从那里出来的。但是事实上，这仅是它的食物储藏室而已。里面并没有卵子。

这圆球并不是什么可口的食品。因为甲虫的工作，是从土面上收集污物，这个球就是它把路上与野外的垃圾，很仔细地搓卷起来形成的。

做成这个球的方法是这样的：**在它扁平的头的前边，长着六只牙齿，它们排列成半圆形，像一种弯形的钉耙，用来掘割东西。**甲虫用它们抛开它所不要的东西，收集起它所选拣好的食物。它的弓形的前腿也是很有用的工具，因为它们非常的坚固，而且在外端也长有五颗锯齿。所以，如果需要很大的力量去搬动一些障碍物，甲虫就利用它的臂。它左右转动它有齿的臂，用一种有力的扫除法，扫出一块小小的面积。于是，在那堆集起了它所耙集来的材料。然后，再放到四只后爪之间去推。这些腿是长而细的，特别是最后的一对，形状略弯曲，前端还有尖的爪子。甲虫再用这后腿将材料压在身体下，搓动、旋转，使它成为一个圆球形。一会儿，一粒小丸就增到胡桃那么大，不久又大到像苹果一样。我曾见到有些贪吃的家伙，把圆球做到拳头那么大。

食物的圆球做成后，必须搬到适当的地方去。于是甲虫就开始旅行了。**它用后腿抓紧这个球，再用前腿行走，头向下俯着，臀部举起，向后退着走。**把在后面堆着的物件，轮流向左右推动。谁都以为它要拣一条平坦或不很倾斜的路走。但事实并非如此！**它总是走险峻的斜坡，攀登那些简直不可能上去的地方。**这固执的家伙，偏要走这条路。这个球，非常的重，一步一步艰苦的推上，万分留心，到了相当的高度，而且它常还是退着走的。只要有一些不慎重的动作，努力就全白费了：球滚落下去，连甲虫也被拖下来了。再爬上去，结果再掉下来。它这样一回又一回地向上爬，一点儿小故障，就会前功尽弃，一根草根能把它绊倒，一块滑石会使它失足。球和甲虫都跌下来，混在一起，有时经过一二十次的继续努力，才得到最后的成功。有时直到它的努力成为绝望，才会跑回去另找平坦的路。

有的时候，蜣螂好像是一个善于合作的动物，而这种事情是常常发生的。当一个甲虫的球已经做成，它离开它的同类，把收获品向后推动。一个将要开始工作的邻居，看到这种情况，会忽然抛下工作，跑到这个滚动的球边上来，帮球主人一臂之力。它的帮助当然是值得欢迎的。但它并不是真正的伙伴，而是一个强盗。要知道自己做成圆球是需要苦工和忍耐力的！而偷一个已经做成的，或者到邻居家去吃顿饭，那就容易多了。有的贼甲虫，用很狡猾的手段，有的简直施用武力呢！

有时候，一个盗贼从上面飞下来，猛地将球主人击倒。然后它自己蹲在球上，前腿靠近胸口，静待抢夺的事情发生，预备互相争斗。如果球主人起来抢球，这个强盗就给它一拳，从后面打下去。于是主人又爬起来，推摇这个球，球滚动了。强盗也许因此滚落。那末，接着就是一场角力比赛。两个甲虫互相扯扭着，腿与腿相绞，关节与关节相缠，它们角质的甲壳互相冲撞，摩擦，发出金属互相摩擦的声音，胜利的甲虫爬到球顶上，贼甲虫失败几回被驱逐后，只有跑开去重新做自己的小弹丸。有几回，我看见第三个甲虫出现，像强盗一样抢劫这个球。

但也有时候，贼竟会牺牲一些时间，利用狡猾的手段来行骗。它假装帮助这个被驱者搬动食物，经过生满百里香的沙地，经过有深车轮印和险峻的地方，但实际上它用的力却很少，它做的大多只是坐在球顶上观光，到了适宜于收藏的地点，主人就开始用它边缘锐利的头，有齿的腿向下开掘，把沙土抛向后方，而这贼却抱住那球假装死了。土穴越掘越深，工作的甲虫看不见了。即使有时它到地面上来看一看，球旁睡着的甲虫一动不动，觉得很安心。但是主人离开的时间久了，那贼就乘这个机会，很快的将球推走，同小偷怕被人捉住一样快。假使主人追上了它——这种偷盗行为被发现了——它就赶快变更位置，看起来好像它是无辜的，因为球向斜坡滚下去了，它仅是想止住它啊！于是两个“伙伴”又将球搬回，好像什么事情都没有发生一样。

假使那贼安然逃走了，主人艰苦做起来的东西，只有自认倒霉。它揩揩颊部，吸点空气，飞走，重新另起炉灶。我颇羡慕而且嫉妒它这种百折不挠的品质。

最后，它的食品才平安的储藏好了。储藏室是在软土或沙土上掘成的土穴。做的如拳头般大小，有短道通往地面，宽度恰好可以容纳圆球。食物推进去，它就坐在里面，进出口用一些废物塞起来，圆球刚好塞满一屋子，肴馔从地面上一直堆到天花板。在食物与墙壁之间留下一个很窄的小道，设筵人就坐在这里，至多两个，通常只是自己一个。神圣甲虫昼夜宴饮，差不多一个礼拜或两个礼拜，没有一刻停止过。

蜣螂，还有一个土得掉渣但形象生动的名字，屎壳郎。稍微了解一点屎壳郎的，都会知道，每一只都是这样储备自己的粮食的：从一小点开始慢慢搓一只粪球，直到搓出一只比自己体型大许多的圆球——这下我们明白了，法布尔为什么要给这段文章起一个标题叫“圆球”了。所以，我们也就能给这个片段另外一个篇名“粪球”了，是不是更有趣？

法布尔的观察和记录，帮助我们扭转了从古埃及人那里流传下来的关于屎壳郎推动粪球的错误解释。在那之前，人们相信古埃及人的说法，亦即蜣螂是天生的天文学家，每天早晨将太阳从东方推出来让它重生，因此，他们送了一个别名给蜣螂，“神圣的甲虫”。可法布尔却告诉我们，蜣螂并不是什么天生懂得天文知识的“神圣的甲虫”，蜣螂推动粪球是为了在粪球里排卵，让幼虫以粪球为食从而顺利成长。

法布尔是怎么得出这个结论的？

图 1　法布尔

图 2　工作中法布尔的画像

1823年，法布尔出生在法国南部一个叫圣·莱昂的山区村庄里。由于家境困窘，好学的法布尔初中都没毕业就辍学了。但是，好奇心并没有因此远离法布尔。春天来了，吃了一个冬季干草的羊群开始到草地上撒欢。饱餐过鲜嫩的绿草后，羊儿们就地拉屎。臭烘烘的屎尿让人掩鼻，却忙坏了一种小昆虫。黝黑发亮的甲壳虫蜣螂推着粪球忙得很欢，这样的场景让法布尔疑惑极了：屎壳郎推的粪球里到底藏着什么宝贝让它们忙得不亦乐乎？法布尔知道，大自然中很多让他着迷的现象，仅凭他初中都没毕业的文化程度，没有办法找到让自己满意的答案。于是，他抓住一切机会自学。法布尔的不放弃帮助他看到了前途的笑脸，他考上了一所师范学院。从师范学院毕业以后，法布尔到学校当老师补贴家用，也就是在学校当老师期间，法布尔读到一本昆虫研究类的书籍。这本书启发了他：或许自己能够找到蜣螂为什么不知疲倦地推粪球的秘密。投身到昆虫研究之中后，法布尔再一次发现，自己的知识储备远远不够，他又开始自学物理、科学和生物学知识。

学业有成的同时，法布尔也攒下了一些钱，在乡村买了一栋破旧的民宅，拉开了研究昆虫的序幕。也就是说，发动一群孩子帮他寻找屎壳郎推得不亦乐乎的粪球里究竟有什么、法布尔自己趴在臭烘烘的粪球旁观察屎壳郎，都是在这所民宅外的草地上完成的。在破旧的民宅里，法布尔给了全世界关于蜣螂为什么要推粪球的正确答案，却委屈了自己。他不讲究吃、不讲究穿，一味探究那些昆虫到底是为了什么要干的那些事。

1879年，法布尔的《昆虫记》第一卷出版。自那以后，法布尔笔耕不辍。到1909年他已经86岁高龄时，《昆虫记》第十卷出版，这正式宣告，法布尔殚精竭虑了30年的《昆虫记》终于全部完成了。在这30年里，法布尔夜以继日地观察昆虫，不辞辛劳地将观察到的关于昆虫的一点一滴都记录下来。法布尔的观察细致，记录漂亮，所以，后世一直疑惑该称法布尔是昆虫学家、作家呢，还是作家、

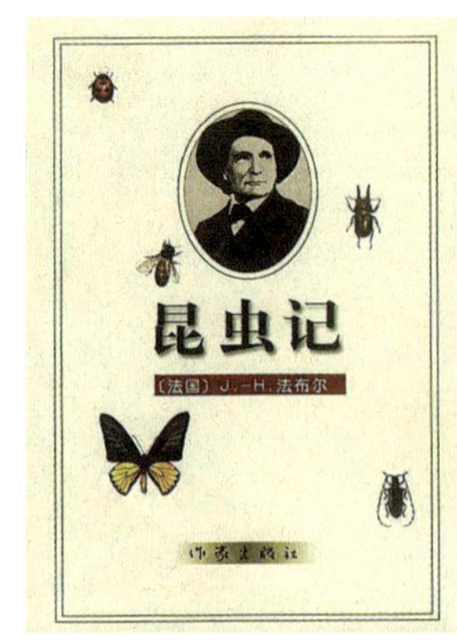

图3 中文版《昆虫记》封面

昆虫学家？这也说明，作为作家，作为昆虫学家，法布尔都是当之无愧的。

我们读着法布尔的《蜣螂》，不时会发出会心的笑声。在笑声中，我们是不是考虑过一个问题：穷人家的孩子法布尔是怎么成为昆虫学家和作家的？努力学习、仔细观察、勤于动笔。通读过《昆虫记》的读者认为，说法布尔为十卷《昆虫记》写了 30 年是不公平的，因为，在提笔写第一卷《昆虫记》之前，法布尔已经准备了 30 年，也就是说，法布尔为《昆虫记》奉献了自己 60 年的年华，这也是穷人家的孩子法布尔能成为昆虫学家、作家的关键所在。

法国昆虫学家、作家法布尔，生于 1823 年，卒于 1915 年。产生《诗经》的年代，就更久远了，大约在公元前 500 年。当这个世界没有电影、没有电视、没有互联网、没有智能手机等娱乐工具时，人们才有余暇去观察人类的朋友，比如草木、比如昆虫。这样的观点成立吗？

当然不成立。我们有书为凭。

听客溪畔的风花雪月

2015 年 9 月 11 日，时任美国总统的奥巴马，在白宫将美国国家人文奖颁给了安妮 · 迪拉德。我们忍不住要问，安妮 · 迪拉德是谁？奥巴马为什么要发给她这么有分量的奖？

安妮 · 迪拉德是《听客溪的朝圣》的作者。1945 年，安妮 · 迪拉德出生在美国宾夕法尼亚州一个富裕的家庭。今天我们去美国东部旅行，途经宾夕法尼亚州的首府哈里斯堡，感觉它不像纽约那般繁华，也不像加利福尼亚州那样有一种积极向上的气氛。没错，宾夕法尼亚州，这个在美国建国初期扮演过重要角色的“拱顶石州”（美国历史上的许多重要篇章都是在宾州谱写的），已经有些落寞了，可是在安妮 · 迪拉德出生的 20 世纪 40 年代，宾夕法尼亚州欣欣向荣，她的家庭又很富裕，幼年的安妮在父母的引导下，涉猎非常广泛，从钢琴、绘画、舞蹈，到采集岩石、制作甲虫标本，这些看似风马牛不相及的爱好，都是安妮生活的组成部分。

1968 年，安妮·迪拉德完成了以梭罗的《瓦尔登湖》为研究对象的毕业论文后，从弗吉尼亚霍林斯大学毕业。正是风华正茂的年华，在那段日子里，安妮·迪拉德写诗、画油画，肆意挥洒着自己的青春。

天有不测风云，1971 年，安妮罹患肺炎。在安妮出生的年代，肺炎是一种让人闻之色变的疾病，虽然英国细菌学家弗莱明于 1928 年发明了世界上第一种抗生素青霉素，但要让青霉素成为普通人的常用抗生素，要到第二次世界大战以后。到了 1971 年，普通肺炎已经难不倒人类，但安妮染上的是一种特殊的肺炎。这场大病差一点要了安妮的命。遭遇的这一次生命变故，让安妮·迪拉德做出了一个决定，要像梭罗那样去“瓦尔登湖”畔居住。当然，安妮没有真的踩着梭罗的脚印去瓦尔登湖畔，她为自己在更为熟悉的弗吉尼亚州选择了一个地方，叫听客溪。

听客溪，位于美国东部弗吉尼亚州的蓝岭山脉中。2016 年的 6 月，我曾经在那个地方晃荡过一些日子。弗吉尼亚州，顾名思义，是美国最初的几个州之一，而今已见衰败，但是，在蓝岭山脉地区，天高云淡、风清气正，只有挨着大山走过，才能理解美国民谣歌手约翰·丹佛的歌词：

Almost heaven west virginia，
Blue ridge mountains，shenandoah river.
Life is old there older than the trees，
Younger than the mountains growin' like a breeze.
Country roads take me home to the place i belong：
West virginia，mountain mom-ma，
Take me home country roads.

简直是天堂啊！
西弗吉尼亚，蓝岭山，谢纳多阿河。

那里的生命年代久远，
比树木古老，比群山年轻，像和风一样慢慢生长。
乡村路，带我回家，到我生长的地方：
西弗吉尼亚，山峦妈妈，乡村路，带我回家。

图 4　中文版《听客溪的朝圣》封面

安妮·迪德拉就在蓝岭山深处的听客溪畔安居下来。在那里生活的一年之中，安妮不关心电影、电视等彼时在美国已经相当成熟的娱乐方式，只醉心于在崇山峻岭间、花草鱼虫中体验生活。这一年的生活经历，后来被安妮写成了一本书——《听客溪的朝圣》。

拜读这本后来荣获美国最重要的新闻类荣誉奖普利策奖的《听客溪的朝圣》，再一次让我体会到，写作并无捷径，阅读、观察和勤于动笔是让自己变成不惧写作、善于写作的三步曲。

有梭罗的《瓦尔登湖》在前，有安妮自己不惜体力的深入观察，有安妮不惮辛苦的勤勉记录，一本不厚的《听客溪的朝圣》，将蓝岭山脉的山山水水、蛙叫鸟鸣乃至蝼蚁都极为细致地记录在了书里：

我常常舀些溪水在瓶子里，回到家便将水倒入一只白瓷碗。等淤泥沉淀了以后，我再去看，看到碗底有很小的蜗牛留下的痕迹，一两只蜗虫在水边绕来绕去，一些线虫狂乱地扭动，最终，眼睛适应了这一度空间以后，就看见了阿米巴虫。起先阿米巴虫看起来很像眼前的飞蚊，就是你远视远处的墙壁时，似乎在眼睛里面看到的那些飞来飞去的黑点。然后我们看到阿米巴虫好像凝结的水珠，蓝蓝的、透明的，像碗里面的一片片天空。最后，我选择了其中一个，努力去揣摩它对夜晚的概念。我看见它伸出一滴颗粒般的脚，踏上面前湿湿的、深不可测的路途。它那未经整理的感官印象，可包括我两眼聚精会神的凶猛焦点？我要不要把它拿到外面，给它看仙女座银河系，吹吹它那小小的肉质？我用一根手指头去搅动水，免得水中缺氧。也许我该去弄一个热带鱼水族箱，有马达打的水泡和灯光，把这只虫养在里面当宠物。对，它会对分裂出来的后代说，宇宙是二英尺乘五英尺大，若仔细听，能听见球体发出的嗡嗡乐音。

阿米巴虫在安妮·迪德拉的观察下，真是纤毫毕现呀。

阿米巴虫	远看	近看	盯着一个看
	很像眼前的飞蚊	像凝结的水珠	伸出一滴颗粒般的脚

通过表格，我们看到，安妮·迪德拉的观察有多么细致入微！如果仅此而已，安妮·迪德拉只是扮演了照相机的角色，那么，普利策奖恐怕也与她无缘。在这里所引的《听客溪的朝圣》中的一小段，精华是这句话："它会对分裂出来的后代说，宇宙是二英尺乘五英尺大，若仔细听，能听见球体发出的嗡嗡乐音。"巧妙的人称转换后，引文得以升华：我们与我们生活其中的地球究竟是一种什么关系。

或许会有初学写作者感到为难：就是这最后的升华，我们难以做到。我想说的是，安妮·迪德拉在听客溪畔客居的整整一年，让安妮对蓝岭山的一草一木有了感情，"我见青山多妩媚，料青山见我应如是"，只要两厢愉悦，情感自然会迸发出来。

放飞想象以后作家会怎么写昆虫

无论是法布尔，还是安妮·迪德拉，他们在描述他们深爱的昆虫时，都在无比忠实地再现。看，安妮·迪德尔是怎么描述刚刚成虫的螳螂的：

夏末时节，我常常能看到长了翅膀的成虫，准备偷袭那些围在走廊电灯四周的昆虫。其身躯呈清澈温暖的绿色，赤裸、三角形的头可以很离奇地旋转，因而我常会看到那么一只，把头扭了过来凝望我，好像在回头。它攻击的时候，出手如此之突然，提起的翅膀又发出如此可怖之撞击声，就连让·亨利·法布尔那样冷酷的昆虫学家也不得不承认自己每次被吓得六神无主。

绿色的螳螂把三角形的头扭过来凝望着我们，翅膀还会发出可怖的撞击声。这样的描述虽然很具文学色彩，但是，那不是虚构，是安妮·迪德尔仔细观察后的如实记录。

如实描述的昆虫世界都那么富有文学的质地，我们不禁要问，假如作家放飞自己的想象，他们笔下的昆虫会变成什么样子呢？

在中国文学作品中，放飞自己想象描绘昆虫的个中翘楚，大概要数蒲松龄了，他的《聊斋志异》中有一篇我们耳熟能详的《促织》。

宣德间，宫中尚促织之戏，岁征民间。此物故非西产；有华阴令欲媚上官，以一头进，试使斗而才，因责常供。令以责之里正。市中游侠儿得佳者笼养之，昂其直，居为奇货。里胥猾黠，假此科敛丁口，每责一头，辄倾数家之产。

邑有成名者，操童子业，久不售。为人迂讷，遂为猾胥报充里正役，百计营谋不能脱。不终岁，薄产累尽。会征促织，成不敢敛户口，而又无所赔偿，忧闷欲死。妻曰："死何裨益？不如自行搜觅，冀有万一之得。"成然之。早出暮归，提竹筒丝笼，于败堵丛草处，探石发穴，靡计不施，迄无济。即捕得三两头，又劣弱不中于款。宰严限追比，旬余，杖至百，两股间脓血流离，并虫亦不能行捉矣。转侧床头，惟思自尽。

时村中来一驼背巫，能以神卜。成妻具资诣问。见红女白婆，填塞门户。入其舍，则密室垂帘，帘外设香几。问者爇香于鼎，再拜。巫从旁望空代祝，唇吻翕辟，不知何词。各各竦立以听。少间，帘内掷一纸出，即道人意中事，无毫发爽。成妻纳钱案上，焚拜如前人。食顷，帘动，片纸抛落。

拾视之，非字而画：中绘殿阁，类兰若；后小山下，怪石乱卧，针针丛荆，青麻头伏焉；旁一蟆，若将跃舞。展玩不可晓。然睹促织，隐中胸怀。折藏之，归以示成。

成反复自念，得无教我猎虫所耶？细瞻景状，与村东大佛阁逼似。乃强起扶杖，执图诣寺后，有古陵蔚起。循陵而走，见蹲石鳞鳞，俨然类画。遂于蒿莱中侧听徐行，似寻针芥。而心目耳力俱穷，绝无踪响。冥搜未已，一癞头蟆猝然跃去。成益愕，急逐趁之，蟆入草间。蹑迹披求，见有虫伏棘根。遂扑之，入石穴中。掭以尖草，不出；以筒水灌之，始出，状极俊健。逐而得之。审视，巨身修尾，青项金翅。大喜，笼归，举家庆贺，虽连城拱璧不啻也。上于盆而养之，蟹白栗黄，备极护爱，留待限期，以塞官责。

成有子九岁，窥父不在，窃发盆。虫跃掷径出，迅不可捉。及扑入手，已股落腹裂，斯须就毙。儿惧，啼告母。母闻之，面色灰死，大惊曰："业根，死期至矣！而翁归，自与汝复算耳！"儿涕而去。

未几，成归，闻妻言，如被冰雪。怒索儿，儿渺然不知所往。既而得其尸于井，因而化怒为悲，抢呼欲绝。夫妻向隅，茅舍无烟，相对默然，不复聊赖。日将暮，取儿藁葬。近抚之，气息惙然。喜置榻上，半夜复苏。夫妻心稍慰，但儿神气痴木，奄奄思睡。成顾蟋蟀笼虚，则气断声吞，亦不复以儿为念，自昏达曙，目不交睫。东曦既驾，僵卧长愁。忽闻门外虫鸣，惊起觇视，虫宛然尚在。喜而捕之，一鸣辄跃去，行且速。复之以掌，虚若无物；手裁举，则又超忽而跃。急趋之，折过墙隅，迷其所在。徘徊四顾，见虫伏壁上。审谛之，短小，黑赤色，顿非前物。成以其小，劣之。惟彷徨瞻顾，寻所逐者。壁上小虫忽跃落襟袖间，视之，形若土狗，梅花翅，方首，长胫，意似良。喜而收之。将献公堂，惴惴恐不当意，思试之斗以觇之。

村中少年好事者，驯养一虫，自名"蟹壳青"，日与子弟角，无不胜。欲居之以为利，而高其直，亦无售者。径造庐访成，视成所蓄，掩口胡卢而笑。因出己虫，纳比笼中。成视之，庞然修伟，自增惭怍，不敢与较。少年固强之。顾念蓄劣物终无所用，不如拼搏一笑，因合纳斗盆。小虫伏不动，蠢若木鸡。少年又大笑。试以猪鬣毛撩拨虫须，仍不动。少年又笑。屡撩之，虫暴怒，直奔，遂相腾击，振奋作声。俄见小虫跃起，张尾伸须，直龁敌领。少年大骇，急解令休止。虫翘然矜鸣，似报主知。成大喜。方共瞻玩，一鸡瞥来，径进以啄。成骇立愕呼，幸啄不中，虫跃去尺有咫。鸡健进，逐逼之，虫已在爪下矣。成仓猝莫知所救，顿足失色。旋见鸡伸颈摆扑，临视，则虫集冠上，力叮不释。成益惊喜，掇置笼中。

翼日进宰，宰见其小，怒呵成。成述其异，宰不信。试与他虫斗，虫尽靡。又试之鸡，果如成言。乃赏成，献诸抚军。抚军大悦，以金笼进上，细疏其能。既入宫中，举天下所贡蝴蝶、螳螂、油利挞、青丝额一切异状遍试之，无出其右者。每闻琴瑟之声，则应节而舞。益奇之。上大嘉悦，诏赐抚臣名马衣缎。抚臣不忘所自，无何，宰以卓异闻。宰悦，免成役。又嘱学使俾入邑庠。后岁余，成子精神复旧，自言身化促织，轻捷善斗，今始苏耳。抚军亦厚赉成。不数年，田百顷，楼阁万椽，牛羊蹄躈各千计；一出门，裘马过世家焉。

异史氏曰："天子偶用一物，未必不过此已忘；而奉行者即为定例。加以官贪吏虐，民日贴妇卖儿，更无休止。故天子一跬步，皆关民命，不可忽也。独是成氏子以蠹贫，以促织富，裘马扬扬。当其为里正，受扑责时，岂意其至此哉！天将以酬长厚者，遂使抚臣、令尹，并受促织恩荫。闻之：一人飞升，仙及鸡犬。信夫！"

蒲松龄，生于1640年6月5日，卒于1715年2月25日，主要生活在清初顺治时期，是清朝著名的文学家、小说家，以文言短篇小说集《聊斋志异》闻名于世。《促织》就选自《聊斋志异》。蒲松龄发挥自己神奇的想象力，让成名的黄口小儿为救父亲一命，在人与蟋蟀之间来回穿梭。但是，《促织》的主角终究是成名以及成名一家人，即使蒲松龄将最丰富的想象加持在一只蟋蟀身上，蟋蟀也只是道具而已。

那么，有没有那么一位作家，尽情放飞自己的想象后，索性把一只昆虫当成一个故事的绝对主角？的确有这样一位作家，通过自己的想象，把地底下写得匪夷所思地热闹。我所说的，就是美国作家乔治·塞尔登的《时代广场的蟋蟀》。

对于一只蟋蟀来说，从康涅狄格州到纽约州，是一次漫长的旅行，这只叫柴斯特的蟋蟀并不愿意，但还是身不由己地完成了这次漫长的旅行：为了那节让他垂涎欲滴的香肠，柴斯特一不小心掉进了火车车厢，被带到了纽约。不得不生活在现代广场的蟋蟀柴斯特，听说过大苹果纽约以人情冷漠著称全世界，自己又被压在三明治里无法动弹，蟋蟀柴斯特觉得这一次自己要死了。幸运的是，聪明伶俐的蟋蟀柴斯特及时找到了一个爱它的小主人和两个“纽约佬”老鼠塔克和老猫亨利。小主人家遇到了大麻烦就要破产，念及小主人救自己一命的恩情，蟋蟀柴斯特用自己神奇的音乐天赋帮助小主人家改善了经济窘境，而他自己，也在人才济济的纽约市里出息成一个超级演奏家。盛名之下，蟋蟀柴斯特却并不快乐，他想念康涅狄格州，想念那里的乡村和田野，特别是在纽约街头的树叶渐渐变黄、秋天来临之际。老鼠塔克和老猫亨利揣摩到蟋蟀柴斯特的心事后，两个好朋友拍着胸脯对蟋蟀柴斯特说，一定帮助他回家。

这就是《时代广场的蟋蟀》。蟋蟀柴斯特最后有没有回到家乡？当然。因为，想象出纽约时代广场住着一只名叫柴斯特的蟋蟀的作者乔治·塞尔登，是一个对昆虫、对小动物有着浓厚爱心的儿童文学作家。

架子上传来了轻微的索索声，好像小小的脚在上面拖着步子走到边缘上。“谁在嘘嘘嘘呀？”一个声音说。

“是我，”塔克说，“我在下面的凳子上。”

一个黑色的脑袋，长着一对黑得发亮的眼睛，从架子上望着塔克说：“你是谁？”

“一只老鼠，”塔克说，“你是谁？”

图 5　中文版《时代广场的蟋蟀》封面

“我是蟋蟀柴斯特。”蟋蟀说。他说话音调高，像音乐一样。他说的每句话好像都配上了一支听不见的乐曲。

“我叫塔克，”老鼠塔克说，“我可以上来吗？”

“我想是可以的，”蟋蟀柴斯特说，“不管怎么说，这可不是我的房子呀。”

塔克跳到柴斯特身边，把他从头到尾打量了一遍。“一只蟋蟀，”他赞赏地说，“这么说，你是一只蟋蟀咯。我以前从来没有见过蟋蟀哩。”

“我以前可见过老鼠，”蟋蟀说，“在康涅狄格州，我认识好几只老鼠。”

“你是从那儿来的吗？”塔克问道。

“是的，”柴斯特说，“我想我再也回不去啦。”他若有所思地补上这么一句。

“你怎样到纽约来的？”老鼠塔克说。

“说来话长呀。”蟋蟀叹息着说。

“说给我听吧。”塔克一边恳求，一边蹲下来坐在自己的后腿上。他爱听故事。听故事差不多就像偷听别人谈话一样有趣，如果故事是真实的。

“唔，两天——不，三天前，”柴斯特开始说起来了，“我正坐在我的树墩顶上，一边欣赏着好天气，一边想着夏天已经到来，多好啊。我住在一棵老树的树墩里，紧靠着一株柳树，我常常爬到树墩顶上东张西望。那天，我一直在练习跳远。树墩的一边是柳树，另一边有一条小溪潺潺流过。我在小溪河岸跳过来，跳过去，好练出腿劲，过好这个夏天。你知道，我常常跳来跳去呢。”“我也是一样，”老鼠塔克说，“特别是在交通繁忙的高峰时刻。”“我刚刚跳完，就嗅到一股气味，”柴斯特继续说，“是我喜爱的碎肝灌的香肠的味道。”

“你爱吃碎肝灌的香肠吗？”塔克插嘴说，“等一等！等一等！请等一等！”

他一跃而起，从架子上一下跳到地板上，飞快地冲向他住的排水管。柴斯特看到他飞跑出去，摇了摇头。他想塔克真是非常容易激动的人——虽然他是一只老鼠。

塔克在排水管里的那个窝，乱七八糟地放着碎纸、破布、扣子、人们丢失的珠宝装饰品、零钱以及他在地下车站里能够拾到的各色各样的东西。塔克手忙脚乱地寻找，把东西到处乱摔。整洁可不是他要在生活中达到的目标啊。最后，他终于找到了要找的东西：一大块碎肝灌成的香肠，这是当天夜晚刚找到的。他本来打算把这块香肠留作明天的早餐，但他断定遇到他第一次看见的蟋蟀是不平常的事件，就用嘴叼着这块香肠，一溜烟跑回报摊。

"瞧！"他骄傲地说，把香肠丢到蟋蟀柴斯特面前，"碎肝灌的香肠！你继续讲故事吧，我们也可以享受一顿快餐。"

"你太好啦。"柴斯特说。跟他认识只有几分钟的老鼠，居然愿意拿出自己的食物和他分享，这使他大为感动，他说："刚才吃过一点巧克力，除此之外，整整三天没有吃任何东西啦"

"吃吧！吃吧！"塔克说。他把香肠咬成两块，把其中一块大的给柴斯特。"你说你嗅到了香肠的气味，后来怎样了？"

"我从树墩上跳下来，向那股气味走过去。"柴斯特说。

"合情合理，"塔克嘴里塞满了香肠，边嚼边说，"要是我，也会那样做的。"

"香肠味是从一个野餐篮子里传出来的，"柴斯特说，"离我住的树墩不远有块草地，一大群人正在草地上野餐。他们吃煮得硬硬的鸡蛋，冷了的烤鸡子、烤牛肉，我闻到的香肠夹心面包和别的一大堆东西。"

想到所有那些美味，老鼠塔克高兴得哼出声来。

"他们玩得非常痛快，又笑又唱，没有注意到我跳进了篮子，"柴斯特接着说，"如果我尝尝香肠的味道，我可以肯定，他们不会见怪。"

"当然不会，"老鼠塔克同情地说，"为什么要见怪呢？美味多得很，人人管饱，谁会怪你呢？""不过，我得承认，"柴斯特又说，"我不只是尝了尝。事实上，我吃得太饱了，连眼皮儿也睁不开，就像跳累了、玩累了一样。我就在篮子里睡着啦。睡醒后发现的第一件事就是有人把一个袋子搁在我身上，袋子里装着剩下的烤牛肉夹心面包，压得我动也不能动！”

“我的妈呀！”塔克惊叫道，“陷到烤牛肉夹心面包底下啦！哦，有时还有比这更糟糕的倒霉事哩。”

“开头，我并不十分害怕，”柴斯特说，“虽然如此，我想他们可能是从新加南来的，也可能是附近别的市镇里来的，迟早总要拿走篮子里的东西，我想得太天真啦！”柴斯特摇摇头，叹息着说：“我能感觉到篮子放进了一辆小汽车里，运到了一个地方，又从小汽李上卸下来。那地方一定是火车站。接着我随着篮子上了火车，听到火车行驶时一路丁光丁光响着的声音。这时，我才大吃一惊。我知道，每过一分钟，我离自己住的树墩也就越遥远，但我无法可想。搁在我身上的烤牛肉夹心面包也压得我很不舒服。”

“你没有设法在烤牛肉夹心面包里啃出一条路吗？”塔克问他说。

“我的前后左右没有一点空隙呀！”柴斯特说，“不过，火车有时突然颠簸一下，我就趁这个机会使自己稍微松动一点。我们向前行驶，一程又一程，然后火车停了下来。我一点也不知道我们到了哪里，但是，他们刚刚把篮子提走，我从喧闹声中就发现一定是纽约。”

“你以前没有来过这儿吗？”塔克问道。

“天啊！谁来过呢！”柴斯特说，“但我听说过。我曾经认识一只燕子，他在南方北方飞来飞去，每年春天都要飞过纽约。可是，我在这里怎么办呢？我是一只乡下的蟋蟀呀！”柴斯特心情不安，轮流替换地移动着他的几条腿。

“别着急，”老鼠塔克说，“我会给你香肠吃的。你会过得很好。还是继续讲你的故事吧。”

“故事差不多快完了，”柴斯特说，“提篮子的人下了火车，走了一段路，又搭上另一列火车——比原来那列火车响得更厉害。”

“一定是地下铁道。”塔克说。

“我也这么想，”蟋蟀柴斯特说，“你可以想象得到，我多么害怕。我不知道我究竟是往哪儿去！我只知道这些人可能要去得克萨斯州，虽说我并不认为会有很多人从得克萨斯州一直跑到康涅狄格州去野餐。”

“可能有这样的事。”塔克点点头说。

“不管怎样，我拼命挣扎，好让自己脱身，最后总算成功了。他们从第二次搭的火车上下来的时候，我张开翅膀使劲一跳，跳进了一堆垃圾里，就在我们这儿的墙角落中。”

“你第一次跟纽约见面居然是这样啊，”塔克说，“掉进了时代广场地下火车站的一堆垃圾里，嘿，嘿，嘿。”

“我现在在这里了，”柴斯特惨凄凄地说，“我在垃圾堆里一连躺了三天，不知道怎么办。心里烦不过，只好唧唧唧唧地叫起来了。”

“原来是你在叫啊！”老鼠塔克插嘴说，“我听到了，可是我不知道是什么声音。”

“是的，是我在叫，”柴斯特说，“我通常不到夏末是不叫的——可是，天哪，我总得干点什么呀！”蟋蟀一直挨着架子的边边坐着。由于某种原因——也许是因为有一种非常轻微的声音，好像有人用棉花包住脚，踮起脚尖走过地板——蟋蟀碰巧朝下面望过去。下面有一团黑乎乎的东西静悄悄地蹲在黑暗里，突然往上面跳来，恰恰跳到了塔克和柴斯特的身旁。

“当心啊！”柴斯特大声叫着，“猫来了！”他一头钻进火柴盒里。

一个黑色的脑袋，长着一对黑得发亮的眼睛。

我常常跳来跳去呢。

我就在篮子里睡着啦。睡醒后发现的第一件事就是有人把一个袋子搁在我身上，袋子里装着剩下的烤牛肉夹心面包，压得我动也不能动！

搁在我身上的烤牛肉夹心面包也压得我很不舒服。

你没有设法在烤牛肉夹心面包里啃出一条路吗？

来，我们仔细琢磨从引文中选出的几句句子，会发现什么？

首先，作者的观察非常细致，这表现在描述蟋蟀的生活习性时非常准确。这是从观察到描摹的基本规则。其次，想象非常合理。是的，从这一讲开始，我们对写作的理解上了一个新台阶，那就是在记录生活的基础上，可以发挥合理的想象。蟋蟀本是虫，但在蒲松龄的笔下，特别是在乔治·塞尔登的笔下，这只不会思想的昆虫，有了灵魂，承担起一个故事主角的重任。

开始写作

在古埃及、中国的《诗经》年代，人类与昆虫的关系要比现在亲密许多。那以后，我们与昆虫的关系既友善又冲突，但是，我们从来不曾放弃过在关于人类历史发展进程的记录里留下小小的昆虫的痕迹。

练习题一：在你的记忆中有没有一种过目难忘的昆虫？为什么？能不能试着写写它的样貌？

练习题二：暑假里，请爸妈让你养一只蝈蝈，给它喂水喂毛豆，把它挪到阴凉处吹夏天的风……等到开学前，写一封信给蝈蝈，说自己要去学校了，请它照顾好自己。

赶快去读

1.〔美〕E.B. 怀特著，任溶溶译：《夏洛的网》，上海译文出版社，2004 年。

推荐理由：这本书的好，严锋的一篇文章《好书》已经道尽，建议大家一定找到这篇文章好好读一读。小猪威伯当然是这本童话的主角，但是，没有配角夏洛的搭戏，哪能成就一台感动过那么多读者的好戏！配角夏洛，是一只蜘蛛，请仔细揣摩 E.B. 怀特是如何紧扣蜘蛛的习性，又发挥自己的想象，从而塑造出一只全世界最著名的蜘蛛的。

2. 半夏：《与虫在野》，广西师范大学出版社，2019 年。

推荐理由：这本书以昆虫为绝对主角，不违背科学常识，故事又讲得循循善诱，且将昆虫描摹得栩栩如生。准确的关于昆虫的科学知识、清丽的要言不烦的文字，特别是作者半夏在人与自然之间建立起来的那种彼此爱惜，以及对昆虫细致入微的惦记，很值得去感受、去模仿甚至去超越了。

3.〔法〕J.H. 法布尔著，王光译：《昆虫记》，作家出版社，2004 年。

推荐理由：关于昆虫的书籍，法布尔的这一本绝对是经典中的经典。不过。对今天的读者而言，它缺乏当代性，阅读起来会感觉有些隔阂。尽管如此。我们还是建议大家认真地一点一点读起来，因为，法布尔所写的关于昆虫的常识，永不过时。而渗透其间的写书人的执着，能带给我们很多启迪。

第四章 我们能让它们飞到哪里？

理查德·梅比在他的《杂草的故事》里说，花草来到地球要比我们人类早许多年。这位英国植物学作家的说法，已经得到了地下文物和地上文献的有力支持。由猿到人，作为地球上最聪明的灵长类动物，我们依靠比我们更早出现在地球上的动植物果腹。当我们能自由自在耕种植物以后，当我们驯化了一些动物以后，人类渐渐地不再被“载饥载渴”的大烦恼所困扰。这个时候，人类与同样生活在地球上的动植物的关系发生了变化。人类开始学着欣赏美丽的花花草草，等到有能力将花草的美丽用图片、用文字记录下来后，人类文明的宝库里就有了从古至今称颂神奇的大自然的千古名言、千古名篇、千古名画。与此同时，人类也开始欣赏比自己跑得更快、比自己长得更加雄伟的、比自己在某些方面能力更强的动物，所谓动物崇拜也就慢慢出现并渐渐发扬光大。古希腊、古埃及文明中的狮身人面像、半人半动物的雕塑，都是显而易见的动物崇拜的物证。更多的时候，人类像讴歌花草的美丽一样用文字和图画将动物的矫健、凶猛、彪悍等等留在史籍里。

人类跑不过猎豹，所以，直到今天都有一种汽车的品牌起名为猎豹；人类没有老虎森林之王的气派，于是那些想要自己的产品成为行业老大的企业家们，喜欢冠名自己的产品为虎牌。狮子、蛇、长颈鹿等，都得到过这样的“荣幸”。集人类智慧和才能于一体的工业产品，从创造或制造出它们的人们喜欢用动物形象作为代言这一点或许可以看出，自古以来，人类多么希望自己能具备那些动物所独有的能力呵。

比如，飞鸟。只能靠双脚行走大地的人类，没有翅膀，也就没有办法像鸟儿一样自由自在地飞翔在蓝天白云之间。在飞机横空出世之前，人类除了舍身为理想地一次次尝试飞上蓝天的可能外，更将自己的飞翔梦通过赞美飞鸟留在了书本里、画布上。

我们喜欢以《诗经》切入我们的话题。“我们能让它们飞到哪里”也从《诗经》开始吧。

《关雎》

关关雎鸠，在河之洲。窈窕淑女，君子好逑。
参差荇菜，左右流之。窈窕淑女，寤寐求之。
求之不得，寤寐思服。悠哉悠哉，辗转反侧。
参差荇菜，左右采之。窈窕淑女，琴瑟友之。
参差荇菜，左右芼之。窈窕淑女，钟鼓乐之。

虽然汇集了305首诗歌的《诗经》以鸟为主角的不多，但它以《关雎》开篇引领我们在诗歌的世界里自由翱翔，可见，像鸟儿一样飞翔的梦想，古人早已有之。

《自然史》里，有布封的鸟的世界

在所有的动物中间，马是身材高大而身体各部分又都配合得最匀称、最优美的；因为，如果我们拿它和比它高一级或低一级的动物相比，就发现驴子长得太丑，狮子头太大，牛腿太细太短，和它那粗大的身躯不相称，骆驼是畸形的，而最大的动物，如犀，如象，都可以说只是些未成型的肉团。颚骨过分伸长本是兽类头颅不同于人类头颅的主要一点，也是所有动物的最卑贱的标志；然而，马的颚骨虽然很长，它却没有如驴的那副蠢相，如牛的那副呆相。相反地，它的头部比例整齐，却给它一种轻捷的神情，而这种神情又恰好与颈部的美相得益彰。马一抬头，就仿佛想要超出它那四足兽的地位。在这样的高贵姿态中，它和人面对面地相觑着。它的眼睛闪闪有光，并且目光十分坦率；它的耳朵也长得好，并且不大不小，不像牛耳太短，驴耳太长；它的鬣毛正好衬着它的头，装饰着它的颈部，给予它一种强劲而豪迈的模样；它那下垂而茂盛的尾巴覆盖着、并且美观地结束着它的身躯的末端：马尾和鹿、象等的短尾，驴、骆驼、犀牛等的秃尾都大不相同，它是密而长的鬃毛构成的，仿佛这些鬃毛就直接从屁股上生长出来，因为长出鬃毛的那个小肉桩子很短。它不能和狮子一样翘起尾巴，但是它的尾巴虽然是垂着的，却于它很适合。由于它能使尾巴两边摆动，它就有效地利用尾巴来驱赶苍蝇，这些苍蝇很使它苦恼，因为它的皮肤虽然很坚实，并且满生着厚密的短毛，却还是十分敏感的。

以上这段文字，选自人民教出版社出版的七年级语文教材，篇名就叫《马》。

“在所有的动物中间，马是身材高大而身体各部分又都配合得最匀称、最优美的”，基于此，《马》的作者动用了两千多字来赞美马。在一篇分享人类是怎么用文字或图片羡慕飞鸟的文章里，我们为什么要提到《马》？因为，《马》的作者、法国人乔治·路易·德·布封，写过一部巨著《自然史》，而《马》是其中的一篇。

生于1707年，卒于1788年，在81年的人生中，这个从小就热爱自然科学的法国人，始终是一位自然之友。

1739年，32岁的布封成为皇家花园也就是植物园的主任，一直到离开这个草木丰美的植物世界为止，布封都在煞费苦心地经营着他的植物王国。与此同时，他还筚路蓝缕地耕耘在写作园地里，撰写一部后来定名为《自然史》的巨著。恐怕，布封在白纸上落下第一个字的时候，他自己也没有想到，那会是一部总共36卷大书的第一笔。他大概更没有想到，把头脑中的一本书完整地落到纸上，竟用了40年。

图1　布封画像

假如布封的在天之灵能够感应到《自然史》的读者对布封所做贡献的肯定，这个法国美男子一定会露出欣慰的笑容。

那么，《自然史》的读者都是怎么评价布封的努力的呢？

“这是一部博物志，包括地球史、人类史、动物史、鸟类史和矿物史等几大部分，综合了无数的事实材料，对自然界作了精确、详细、科学的描述和解释，提出许多有价值的创见。破除各种宗教迷信和无知妄说，把上帝从宇宙的解释中驱逐出去，这是布封对现代科学的一大贡献。”

这样的赞誉，《自然史》完全受得起。布封在写作《自然史》时，坚持用唯物主义观点解释地球的形成和人类的起源，他关于人类进化的观点并不如《圣经》所言是亚当和夏娃偷吃了禁果才获得了人类智慧，而是人类是在社会实践中获得认知，增长才干的。无疑，密布在《自然史》中的布封关于人类发展的真知灼见，给千百年来笃信《圣经》的人们尤其是西方世界带来了一次巨大的思想震动。那么，布封倡导的并在后来直接影响到达尔文推演出进化论的思想，从何而来？我们只要进入《自然史》的世界里就会感知到，布封的思想不是凭空而来的，为了《自然史》，他观察研究大地、山脉、河川和海洋，寻求地面变迁的根源；他观察研究生物的变化，指出物种因环境、气候、营养的影响而变异……

《自然史》包括了地球史、人类史、动物史、鸟类史和矿物史等几大部分。作者综合了大量的事实材料，对自然界作了精确、详细、科学的描述和解释，提出许多有价值的创见。多家出版社出版过中文简体字版，但是，都是缩减本，甚至还有改写版。出版社为什么要出改写版？他们觉得，三百多年前布封的文字，对今天的我们，特别是中小学生来说，有些隔阂吧。就算这样，我们还是推荐大家去读原著而不是改写本。相比几种版本，我比较推荐译林出版社的版本。不过，陈筱卿的译本还是被不少人质疑。对译者的知识结构要求颇高的《自然史》，使得每一种中文简体字版都被读者指出有误译。这也从一个方面告诉我们，《自然史》对中小学生而言，阅读难度的确有点大。

在布封的祖国大概也存在着这样的问题，亦即，一方面人人都觉得《自然史》是一部青少年的必读书，一方面又都觉得《自然史》对孩子来说有些难。

于是，怎样让《自然史》以更亲切的面貌与青少年面对面，成了布封心里的一件大事。布封美好的愿望打动了他的合作者多邦东先生，在他的协调下，与布封同时代的法国著名工程设计师、雕刻家和博物学家弗朗索瓦·尼古拉·马蒂内为《自然史》中的鸟类史雕刻了一批插图。这些插图的完成稿，雕刻在 42 块手工调色木板上，每一块木板上雕刻了 24 幅以鸟为主角的图画，我们一起来做一道简单的算术题：马蒂内先生一共为布封的鸟类史雕刻了多少幅图画？答案是 1008 幅，其中，973 幅的主角是鸟类，其余几幅，马蒂内先生则请出了其他动物做主角。有了 1008 幅插图的鸟类史，很受出版商青睐，1765 年首版隆重问世后，200 年的时间里，它一直是法语世界长销的畅销书。

假如没有上海九久读书人以“布封：鸟的世界”为题，首次将这 1008 幅图整理并结集出版，我们将无缘见到布封描述的鸟类被马蒂内用图画的形式呈现出来的模样。这些印在书页上的鸟类图，每一帧都精致优雅，纤毫毕现到羽毛上的丝丝缕缕都被马蒂内先生表现了出来！

2016 年的夏天，《鸟的世界》的中文翻译组织者黄荭教授特意从南京来到上海与读者分享布封的自然史。翻阅过《鸟的世界》的读者都会有一个直观感受：字不多，好译。但译者不这么认为，黄荭教授介绍说，光是为了精准地译出布封时期那些鸟类的名字，他们就费了九牛二虎之力！

图 2 《布封：鸟的世界》(全五册)书影

图 3 《布封：鸟的世界》实物照片

从作者布封到插图作者马蒂内，再到黄荭教授以及译者，他们的态度决定了《鸟的世界》是一本极佳的科普读物。

令人扼腕的是，不少《鸟的世界》的读者都会产生一个错觉：布封笔下的松鼠，我也见过呀，我怎么就没有看见他写的那么多细节呢？这也许就是我们觉得自己总是写不好文章的原因所在吧。我们不会观察。布封用了40年才完成了《自然史》，不是说这40年里布封一直在伏案写作；这40年的时间，很多都被布封用来观察鸟类，还有《自然史》所描述到的山川风貌、飞禽走兽。因此，在布封的笔下，小松鼠善良可爱，大象温和憨厚，鸽子夫妇相亲相爱；马像英勇忠烈的战士，狗是忠心耿耿的义仆，啄木鸟像苦工一样辛勤劳动；狼被比喻得凶残而又怯懦，天鹅则是平和的、开明的君主……

1777年，法国政府在御花园里给他建立了一座铜像，座上用拉丁文写着："献给和大自然一样伟大的天才"。

图4　布封雕塑，位于法国巴黎植物园内

比起这座铜像，布封更愿意人类能一代代不间断地阅读他的《自然史》。而《自然史》，也确实值得我们一代代地读下去。假如有心人能读到、读懂布封在其文字背后付出的努力，那么，阅读者距离一个写作高手也并不会非常遥远。

《世界上的鸟儿》，再萌也是正传

为世界上的鸟儿"树碑立传"，布封不是最后一个。不过，鸟儿似乎已经被布封写尽了，后来者还能怎么写呢？

马鲁古虎皮鹦鹉

虎皮鹦鹉，为鹦形目、鹦鹉科的小型攀禽品种。原产于澳大利亚的内陆地区，野生虎皮鹦鹉一般以各种植物的种子、浆果及植物的嫩芽、嫩叶为食，到秋季飞到田间啄食谷物。繁殖期为6—1月。营巢于树洞中。每窝产卵4—8枚，孵化期为18天。虎皮鹦鹉是全世界最普遍的宠物鸟，品种繁多，顽皮可爱，受到大众喜爱。马鲁古虎皮鹦鹉，羽色鲜艳，以绿色为主，头部为蓝色，喙为白色，胸部为红色。

言简意赅。寥寥数语让我们体会到，只要能够像布封那样认真仔细地观察鸟类，总能找到布封"漏"写的细节。可见，这是一个写不尽的世界，对写作者的要求是，认真观察了吗？

布封谢世两百多年后，一个英国人马特·休厄尔相信自己的观察深度，想尝试用不同于布封的笔法描述他眼里的鸟类。

图5　马特·休厄尔

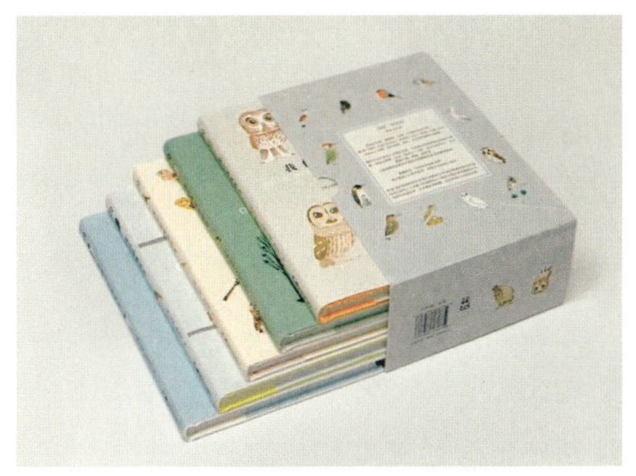

图6　"世界上的鸟"系列丛书书影

艺术家兼插画师，这是马特·休厄尔的第一身份，所以，英国人、欧洲人乃至世界各地爱好阅读的人将马特·休厄尔与鸟画上等号，是从他画笔下的鸟儿开始的。该怎么用文字描述马特·休厄尔画笔下的鸟儿们？线条圆润、色块艳丽、表情妙到毫厘、肢体动作纤毫毕现。用一句网络语言来形容，马特·休厄尔画笔下的鸟儿，个个都是萌宠。

读着这样的评价，看着这样的画面，一个疑问油然而生：被艺术家艺术处理过的鸟儿，与真正的鸟儿还能相近吗？对马特·休厄尔来说，这是一个非常要命的疑问。距离遥远，他就是一个插画师。而马特·休厄尔，这位爱鸟成癖的插画师，多么希望自己能成为合格的科普作家！而一个人的评价，让马特·休厄尔吃了一颗定心丸，他就是埃德温·柯林斯，苏格兰音乐家。或许有人不屑一顾："他又不是鸟类专家，他的话怎么能让马特·休厄尔成为鸟类专家！"术业有专攻，此话不假。可是，吃牛肉长大的欧洲人似乎精力更加旺盛，这位音乐家在给马特·休厄尔的《我们花园里的鸟》作序时写道："我还是个孩子时，会阅读那些鸟类指南，从书中认识、了解鸟类。"也就是说，埃德温·柯林斯虽然成了音乐家，但是，爱鸟是他一生的副业，所以，他关于马特·休厄尔那些以鸟为主角的书的肯定，是值得我们信赖的。那么，埃德温·柯林斯是如何肯定马特·休厄尔的呢？"这些手绘图虽有强烈的马特风格，但不管在颜色还是外形上都是科学的、精确的——这一点非常重要！"

我们先来看看插画家马特·休厄尔是怎么画的，再来看看科普作家马特·休厄尔是怎么写的。

图7　中文版《我们林地里的鸟》封面

白桦树上的蓝喉歌鸲（《我们林地里的鸟》）

没错，你的眼睛没有欺骗你！这种鸟确实存在，在初夏的微风中从欧洲和北非飞来，看起来和妈妈没注意时在妈妈的化妆包里玩了一阵的欧亚鸲没有太多差别。你如果发现一只蓝喉歌鸲，记得和离你近的一个人击个掌，然后来个拥抱，因为你实在太幸运了。

假如用布封那种中规中矩的语言来描述蓝喉歌鸲，这段文字就是这样的：

每年的初夏，蓝喉歌鸲就从欧洲和北非飞到英国，但由于数量稀少我们很难见到。蓝喉歌鸲的羽毛色彩丰富又鲜艳……

图 8　中文版《我们花园里的鸟》封面

秃鼻乌鸦（《我们花园里的鸟》）

秃鼻乌鸦似乎不应是乌鸦家族的一员，它们注重社交，是一般意义上的素食主义者。它们的样子十分可笑：滑稽而愚蠢的脸，毛茸茸、蓬松的身体。这些哇哇叫的家伙也不像乌鸦家族其他成员那样喜欢恶作剧。事实上，除了待在巢里，它们大部分时间都在田野里，并不会被稻草人吓到，但农民们其实最好不要打扰它们，因为他们吃掉的害虫的数量是巨大的。秃鼻乌鸦，干得好！

我们再尝试用中规中矩的科普小文章来描写：

秃鼻乌鸦

秃鼻乌鸦有着一身黑灰与浅灰相间的羽毛，长长的喙让人错觉秃鼻乌鸦没有鼻子，所以，才得了这一个奇怪的名字。只吃花草树叶，喜欢热闹，叫起来“哇哇”的音量不小，深得农民喜欢，因为，秃鼻乌鸦唯一的荤食就是田野里的害虫。

两相比较，我们就可以体会到，马特·休厄尔的文字与正经科普文章的区别在哪里。马特·休厄尔的文字声情并茂，非常吸引人。那么，他是怎么做到的？是爱的力量！马特·休厄尔是个狂热的鸟类学者，为了告诉这个世界鸟儿有多可爱，作为人类的朋友鸟儿是怎么帮助人类获得更好的生活的，又有多少种鸟类在人类肆意捕杀中从此销声匿迹……为了他深爱的鸟类，马特·休厄尔充分发挥自己插画师的特长，在多种载体上画鸟，包括T恤、海报、内景、雕塑和墙壁；他为《卫报》和巴伯衫等许多品牌做插画；为皇家鸟类保护协会彩绘地下通道；在伦敦、曼彻斯特、纽约、东京和巴黎举办展览，定期向 Caught by The River 网站捐款（他还设计了该网站的 Logo）。而我们向大家介绍的一套书共5种，是他为鸟类鼓与呼的又一种手段。

《我们花园里的鸟类》《我们林地里的鸟类》《我们唱歌的鸟》《我们迷人的鸟》和《企鹅与其他海鸟》等5本书合在一起，组成了一套“世界上的鸟”丛书。翻开丛书中的任何一本，我们都会看到，假如书的双页码上画着一只漂亮的小鸟，那么单页码上就是关于这只鸟的漂亮文字，画与文字都是马特·休厄尔的作品。

马特·休厄尔画得有多好、写得有多好，我们不妨再来举一例。这次，让我们看看他是怎么画和写一种最常见的鸟家燕的。

图9　中文版《我们唱歌的鸟》封面

图10　中文版《我们迷人的鸟》封面

图11　中文版《企鹅与其他海鸟》封面

插画是一只休憩的家燕和两只在空中飞翔的家燕。在书页另一边的文字叙述中，马特·休厄尔写道：

人们说得没错，一只家燕出现，不代表夏天就要来了，但是成群的家燕在电线上低语就说明夏天到了。

它刚一出现，我们就几乎习惯它愉快地在灌木丛间跳跃，轻轻地掠过河面。然后它走了，这个地方就显得有些沉闷。

它就像个老朋友，为了夏天归来，用爱与快乐填满你的房子，在你察觉之前，又消失于天际，展开新的欢喜的冒险。

你不会想要捏住它的翅膀，强迫它多作停留——那将是非常不公平且可怕的事，不过它哪怕再多停留一点点时间，也是很美妙的。接着，你会期待下一个夏天，或者恳求它："请带着我和你一起旅行，好吗？"

这样的文字，可把译者苏澄宇吓得不轻。

译者苏澄宇，动物营养学专业硕士，在图书馆里读过无数关于鸟类的文献，在实验室里做过无数相关的实验，他无法想象可以将凤头麦鸡写成"它身着黑绿相间的吸烟夹克，样子十分英俊。这是一种很容易识别的声音，很符合凤头麦鸡不俗的气质和喜欢杂耍于空中的特性。"苏澄宇想，这应该算是一本文艺书，甚至是文学书。而书里的插图，画得也太萌了。"世界上的鸟儿"到底是文艺书还是科普著作？苏澄宇找到厚厚的鸟类学教科书，认真查阅每一个词条。他发现，虽然马特·休厄尔的形容词用得很传神，画画的笔触很卡通，但文字和画都极为准确，"吸引读者的兴趣是很重要的，这是科普最重要的一步"。

不过，对我们来说，最重要的是想知道，马特·休厄尔是怎样将"世界上的鸟儿"写得如此引人入胜的？没有秘诀。因为痴迷，所以马特·休厄尔会找到各种机会接近鸟类、观察鸟类；因为痴迷，马特·休厄尔希望全世界都能像他那样爱护鸟类、保护鸟类。怎么做到？竭尽全力将鸟类的美好呈现给读者，让读者看过他画的鸟、读过他写的鸟后，能不由自主地成为他那样的爱鸟人。

《迁徙的鸟》，记录是为了留住它们

当马特·休厄尔用萌萌的画和会跳舞的文字描述世界上的鸟儿时，一个法国人扛起了摄影机，用镜头拍摄了以鸟为主角的电影《迁徙的鸟》。这个法国人名叫雅克·贝汉。600多人、3年多时间、4000多万美元、50多个国家和地区、460多公里胶片、17位世界上最优秀的飞行员、2个科学考察队——这就是与电影《迁徙的鸟》相关的一组数据。仅从数据，我们就可以感受到，雅克·贝汉为这部讲述鸟类故事的电影花费了多少人力、物力和财力。如此兴师动众，这个法国人仅仅是为了记录鸟类的生活习性当中的一个环节——迁徙吗？

作家用文字写作，电影导演用镜头写作。假如我们认可雅克·贝汉的《迁徙的鸟》是一部用电影镜头写成的书，那么，他已经进入了更高级的写作阶段，亦即在观察、记录的基础上，将自己的思考揉进作品里。

图12 《迁徙的鸟》电影海报

雅克·贝汉在《迁徙的鸟》里融入了什么样的思考呢？

我们看大雁南归、燕子北往、火烈鸟大迁徙，都是与鸟相关的自然规律，但雅克·贝汉不这么认为。他觉得，鸟的迁徙是一个关于承诺的故事——一种对回归的承诺。所以，我们看到银幕上那些长途跋涉的鸟类，有一种近乡情怯的渴望。

北极燕鸥，是雅克·贝汉在电影《迁徙的鸟》中浓墨重彩的角色。为了让北极燕鸥完成导演“对回归的承诺”这一主题，雅克·贝汉特意在一个秋天到北极燕鸥的家乡等待一只幼鸟的诞生。我们随聚焦这只北极燕鸥的镜头关注它的成长，会看到出生不久的幼鸟甚至还没来得及熟悉家乡的一草一木，就要跟着爸爸妈妈飞行 18000 公里去到南极浮冰区。等到北极的寒冬过后，春风开始在老家吹拂，稍稍长大一点的幼鸟就跟着“亲人”一起飞翔，它们飞越非洲西海岸，飞越北大西洋，再度回到自己出生的地方。

在雅克·贝汉的《迁徙的鸟》之前，北极燕鸥就这么南来北往了亿万年。对于鸟类研究专家来说，那是自然现象，可是在艺术家的眼里，北极燕鸥的南来北往是可以挖掘的写作素材。雅克·贝汉用了摄影机做写作工具，用优美的画面配上悦耳的音乐来完成自己的作文：被严寒逼迫得不得不到南极浮冰区过冬的北极燕鸥，为什么一等北极的春天来临就不远万里、不辞辛劳地飞回自己出生的地方？因为它们对家乡承诺过，要回家！

被雅克·贝汉加入自己的思考后显得别有深意的鸟类迁徙，还有飞越 1200 公里的大天鹅，在漫天风沙中追寻出路的沙丘鹤、在冰天雪地下与海鸦对抗到底的企鹅……

《尼尔斯骑鹅旅行记》，那只会翱翔的鹅

布封的鸟世界，是布封对鸟类世界的忠实记录。马特·休厄尔的鸟世界，用了别样的手段真实记录的鸟类世界。雅克·贝汉的《鸟的迁徙》，虽然在自然现象里灌注了创作者自己的思考，可是我们在银幕上看到的鸟类的翱翔或低飞，也都是鸟世界的真实再现。

一位女作家却将鸟世界写出了不一样的境界，假如我们愿意把一只会飞的鹅看成是很大的鸟的话。这位女作家，就是瑞典人塞尔玛·拉格洛芙。

塞尔玛出生的时候，一位老妪预言：这个女孩或许会被某种疾病缠身。“但是却无从得知这个孩子是否会因为这样的疾病而愁苦。”“她的一生大部分时间都耗费在旅途和搬家上，会频繁地使用书籍和纸张……”“终其一生都可能过着没有婚姻的日子……”这位老妪的预言，在塞尔玛·拉格洛芙身上都一一应验。

图 13　塞尔玛·拉格洛夫

图 14　中文版《尼尔斯骑鹅旅行记》封面

被某种疾病缠身——塞尔玛终身患有腿疾。

一生在旅途上、在搬家——腿疾时好时坏，总是在父母的陪伴下到处求医。父母一直期盼她能够留在农场里继承产业。但是她不顾家人的反对，义无反顾地踏上了前往皇家女子师范学院的征途。这所学校培养了很多富有才华的女子，是教师的培育基地。

频繁使用书籍和纸张——成为老师后，频繁地使用书籍；成为作家后，频繁地使用纸张。塞尔玛·拉夫洛夫是老师，在学校教授地理和历史。可在 100 年前瑞典的学校里，地理和历史不是孩子们最喜欢的课程，1887 年一所师范学院的院长请塞尔玛·拉格洛芙给小学生写一本书，向他们介绍瑞典的山川河流和前尘往事。拥有丰富教学经验的塞尔玛·拉夫洛夫接受了这一任务后，就一直在思考，如何用一本生动有趣的读本吸引小学生而不是逼迫他们读一本枯燥乏味的瑞典的地理和历史书。

可是，与孩子们相伴了那么多年的塞尔玛明白，在生动有趣和历史地理之间画上等号，不是一件容易的事情。她开始了漫长而又烦琐的准备工作：走访瑞典的山山水水，遍查瑞典的花草鱼虫，细心观察瑞典境内的飞禽走兽。同时进入塞尔玛视野的，还有瑞典各地的风俗人情和民间传说故事。

现在，万事俱备只欠东风了，应该用怎样的写作手法将自己准备好的资料贯通起来呢？

那天，苦苦思考怎么开笔写作师范学院院长委约的书籍而没有方向的塞尔玛，索性丢开书和笔去花园散步。她在葱茏的绿树丛中一边慢慢走着一边思考着，突然被一个男孩略带稚嫩的“救命”声惊住了。塞尔玛赶紧向着声音传来的方向跑过，只见一个男孩正奋力抵挡猛啄着他的猫头鹰。塞尔玛了解猫头鹰的生活习性，一般不会主动攻击人，也就是说一定是这个男孩冒犯了猫头鹰才招致这样的攻击。塞尔玛帮助男孩摆脱危机的同时，那本计划中的书应该怎么写的问题，也豁然开朗。

现在我们读到的《尼尔斯骑鹅旅行记》是这样开始的：14 岁的男孩除了爱好吃饭、睡觉和恶作剧外，没有一点好习惯。一个星期天的早晨，爸爸妈妈要他跟着他们一起去教堂，可男孩不愿意。“如果你确实不愿意和爸妈一起去教堂，那你就好好待在家里，好好念福音书，可以吗？”小男孩比较了一下去教堂还是留在家里念福音书，选择了留在家里。

“没读一会儿，他就开始犯困了，睡意蒙眬，没多久就渐入睡眠状态”，小男孩想到爸妈回家后要检查他有没有念过福音书，就想尽办法赶走瞌睡虫。半梦半醒间，男孩发现妈妈的大衣箱被打开了，怎么回事？小男孩想去关上妈妈的大衣箱，与藏在大衣箱里的小精灵狭路相逢，几经交手，小男孩“感到自己的脸上挨了一记重重的耳光，撞到了墙上又弹回到地面上，小男孩昏了过去。等他醒来后，发现自己想要坐到椅子上去的话要先爬上椅子腿之间的横档”——是的，小男孩被精灵变小了。

这是塞尔玛·拉格洛芙艺术想象的结果。塞尔玛为什么要把 14 岁的小男孩变小呢？她在准备写作这本书时，曾经考察过飞鸟的生活习性，她觉得人类不如鸟类可以自由飞翔在蓝天白云间，而塞尔玛觉得翱翔着俯瞰瑞典的山山水水，是观察瑞典地理的最佳角度。怎样才能让人像鸟一样飞起来？只有让鸟带着人飞。要让这样的艺术想象变得可信，塞尔玛在选择多大的男孩上泛起了嘀咕。她当然可以选择一个年龄更小的孩子，那样，就不用麻烦精灵了。可是，一个四五岁的男孩能担当起瑞典的历史地理知识的传播者这个角色吗？斟酌再三，塞尔玛只好请出精灵，请他帮忙把十四五岁的男孩变小。即使精灵把小男孩变小了，让他骑在鸟儿的背上让鸟儿带着他飞，对鸟儿来说，小男孩还是太重了。又费了一些周折，塞尔玛为《尼尔斯骑鹅旅行记》选择的另一个主要角色是大鹅。大鹅嘛，除了体量跟变小了的男孩相称外，大鹅也的确会飞。现在，塞尔玛要做的是，开启自己的想象力让大鹅比现实中的它更能飞，令读者感到信服。

“雁群看到庭院中踱步的鹅群，高兴地俯冲下去邀请道：‘一起飞吧！一起飞过那山丘吧！’”

“年轻公鹅跟随雁群既可以在瑞典南部的上空浏览风景，又可以戏弄地面上的家禽，心中有说不出的快活。但是过了中午以后，年轻公鹅的快活劲就转变为疲惫感了。”

“年轻公鹅也想按照方法飞高一些，但是上气不接下气，胸口疼得无法忍受。”

……

既然拜托大雁驮起尼尔斯飞遍瑞典的山山水水是不可想象的，那就训练大鹅的“体能”吧——塞尔玛用层层铺垫的艺术手法将大鹅能够像大雁那样展翅飞翔，描写得非常真实可信。

骑在大鹅摩田背上的尼尔斯，是《尼尔斯骑鹅旅行记》读者的眼睛。我们通过尼尔斯的旅行，了解了瑞典的地理和历史，这不正是塞尔玛·拉格洛夫写作这本童话作品的初衷嘛！因为《尼尔斯骑鹅旅行记》，塞尔玛·拉格洛夫获得了 1909 年度的诺贝尔文学奖，“由于她作品中特有的高贵的理想主义。丰饶的想象力、平易而优美的风格”，这是诺贝尔文学奖评审委员会给予女作家的褒奖。丰饶的想象力，我们只要想象骑在大鹅背上的尼尔斯，就能有所体悟。那么，“平易而优美的风格”呢？

这些母鸡都朝着尼尔斯奔去，围着他狠狠地咒骂：“咯咯！你自作自受！咯咯，你自作自受！”尼尔斯努力地挣扎，但是这些鸡毫不示弱地向他围拢而来，嘴巴还特别地唠叨。尼尔斯的耳朵感觉都快要被吵聋了。

猫脸色大变，模样也和之前大不一样。他弓起背，上面的毛也一根根竖了起来，四爪紧紧抓地做出准备攻击状。尾巴显得短而粗，耳朵紧贴后面而且还竖着，张开嘴巴，眼睛恶狠狠地盯着尼尔斯。

“你到这里来一下！”五月蔷薇喊道，“我想让你也吃我一脚，让你好好感受下这刺骨的疼痛感！”“你来这里呀！再跑到我牛角上跳舞试试看！”金百合叫道，“你敢过来吗？我现在真想让你也感受一下去年夏天我被你用木鞋踹的滋味！”白斑愤怒地喊道：“你上这来呀！你上次把蜜蜂放进我的耳朵里，我要好好修理你一顿。”

三段引文，均出自《尼尔斯骑鹅旅行记》的开篇不久。塞尔玛告诉我们，尼尔斯是一个非常调皮的十四岁的男孩，平时总是恶作剧地对待家里的家禽动物，追打母鸡、拽拉猫咪的尾巴、欺负牛群。读过《尼尔斯骑鹅旅行记》的读者都知道，五月蔷薇、金百合和白斑都是尼尔斯家养的牛的名字。母鸡、猫咪和牛，平时被小主人欺负得憋了一肚子气但又无可奈何。这下，喜欢使坏的尼尔斯被精灵变小了，母鸡、猫咪和牛心想：我们才不帮你呢，谁让你以前那样对待我们。我们来仔细琢磨一下塞尔玛的描写，对于母鸡、猫咪和牛在尼尔斯向他们求救时的反应，首先抓住了母鸡、猫咪和牛各自的特性：

母鸡——嘴巴唠叨得把尼尔斯的耳朵都吵聋了

猫——他弓起背，上面的毛也一根根竖了起来，四爪紧紧抓地做出准备攻击状

牛——再跑到我牛角上跳舞试试看！真想让你也感受一下去年夏天我被你用木鞋踹的滋味！

我要好好修理你一顿。

其次，它们对尼尔斯的“威胁”，是层层递进的：

母鸡——咯咯叫个不停。

猫——弓起背，背上的毛一根根竖起来（打算行动）

牛——想让尼尔斯也吃一脚……

我们只是从《尼尔斯骑鹅旅行记》里随意地选出一段做了简单的分析，就可以看出，面对同样的素材，优秀的作家会非常合理地运用它们，让它们乖乖地听命于自己的写作计划。

是的，我们讲到了写作计划。哪怕只是写一篇小作文，都要有计划，至少要思考一下，怎么开头、怎么结尾、中间怎么过渡。

《海鸥乔纳森》，一只激励过许多人的海鸥

《尼尔斯骑鹅旅行记》是童话，所以，文学史上一直有这样的说法：《尼尔斯骑鹅旅行记》是唯一一部获得诺贝尔文学奖的儿童文学作品。

《尼尔斯骑鹅旅行记》的主角当然是男孩尼尔斯，可是，假如没有大鹅摩田，没有大雁中的领头羊阿卡，这出好戏就没有办法上演，所以，《尼尔斯骑鹅旅行记》上演的是群戏。由这出群戏我想到了一个人撑起的一出大戏，《海鸥乔纳森》。

男孩会变小，大雁和肥鹅会说话，阿卡和摩田的对话每一句尼尔斯都能听得懂……我们称塞尔玛·拉格洛夫创作的《尼尔斯骑鹅旅行记》是童话。

那么，拟人化描写与童话的区别在哪里？

所谓拟人化描写，就是让笔下的非人类人格化，使其带有或赋予其人性的色彩。如：把螳螂拟人化地描写成拿着长柄大镰刀的人。这是一种修辞手法。

童话是文学体裁的一种，主要面向儿童，是具有浓厚幻想色彩的虚构故事作品，通过丰富的想象、幻想、夸张、象征的手段来塑造形象，反映生活。其语言通俗生动，故事情节往往生动可爱，引人入胜。螳螂走进童话世界，它可能就像摩田和阿卡一样，能与我们对话了。

图 15　中文版《海鸥乔纳森》封面

《尼尔斯骑鹅旅行记》，是童话。那么，《海鸥乔纳森》是不是童话？它不是也选择了一只海鸥来讲故事吗？

将《海鸥乔纳森》带到这个世界上来的理查德·巴赫说过，自己创作的是一部小说。虽然主角是一只名叫乔纳森·利文斯顿的海鸥，但是，海鸥怎么会有人的姓和名？所以，这只叫乔纳森·利文斯顿的海鸥，不如说是理查德·巴赫的代言者，是一只拟人化了的海鸥。那么，理查德·巴赫想让海鸥乔纳森替他说什么呢？

我们先来看看，理查德·巴赫的满腹心事。

后人给理查德·巴赫贴的标签有这样三张：飞行员、作家和行吟诗人。

飞行员理查德·巴赫的故事，发生在第二次世界大战期间，那时，他是美国空军的飞行员，经历过血雨腥风的世界大战。这一段经历给理查德·巴赫带来了什么样的人生财富？全都在《海鸥乔纳森》里。当然，通过《海鸥乔纳森》来读到理查德·巴赫的心事，得要等到战争结束后的二十多年以后。

战争结束，理查德·巴赫离开了军队，尝试做作家。在《海鸥乔纳森》问世以前，理查德·巴赫出版过《双翼飞行》《绝非偶然》等作品，但是，它们就像水融化在水里一样，没有溅起半点浪花。没有气馁的理查德·巴赫继续笔耕，被多次退稿以后，1970 年《海鸥乔纳森》问世。但理查德·巴赫注定享受不到一鸣惊人的荣誉，从 1970 年到 1972 年的两年间，《海鸥乔纳森》静悄悄地躺在书店的架子上，少人问津。

1972 年，人们突然意识到了《海鸥乔纳森》的价值，小说开始畅销，连续 38 周位居《纽约时报》畅销书排行榜第一名，首次打破《飘》以来的所有销售纪录，成为世界文学皇冠上的明珠。

玛格丽特·米切尔的《飘》，长达 80 万字，小说以亚特兰大以及附近的一个种植园为故事场景，描绘了美国内战前后美国南方人的生活。作品刻画了那个时代的许多南方人的形象，成功地再现了林肯领导的南北战争，以及美国南方地区的社会生活。而《海鸥乔纳森》呢？只有区区两万字。篇幅虽然不能决定一个文本的质量，但是，要靠这两万字在某一个时段销量超过 80 万字的《飘》，并不是一件容易的事情。作者理查德·巴赫是怎么做到的呢？

两万字，不足以虚构出一个很有广度的世界，理查德·巴赫选择了瞄准一个点深挖的写作手法。一只名叫乔纳森·利文斯顿的海鸥不甘心像他的祖辈、兄弟姐妹那样，一生就知道捡拾几只烂鱼头果腹，只求活着不求怎么活着。他要飞翔，在高处飞翔、往远处飞翔。为达成梦想，他必须刻苦训练，还要不顾家族内部的嘲笑和谩骂，还有敌人的觊觎……

那么简单的故事，怎么就打败了洋洋洒洒的巨著《飘》呢？

我们必须回溯到 1972 年的美国。

1972 年的美国，经济在经过 60 年代的快速增长后，步子逐渐慢下来，贫富差距进一步加大，竞争力逐渐下降，特别是西欧、日本的崛起，让一贯以老大自居的美国人慌了手脚，却找不到应对的办法，经济出现了下滑。这种形势之下，美国需要能够提振精神的故事，《海鸥乔纳森》生逢其时。

“你瞧，乔纳森，”他父亲温和地说，“冬天快到了，船只就要少了，海面上的鱼也要钻到海底去了。你要是一定要学习，那就学学怎么觅食吧。飞行当然好，可你总不能拿滑翔当饭吃啊。别忘了，你飞行的目的就是为了吃。”

乔纳森顺从地点点头。以后几天，他试着学其他海鸥的样儿；他作了认真的尝试，与鸥群一道围绕着码头和渔船嘎嘎叫着争食吃，扎到海里抢点儿面包片和烂鱼。但这样做他受不了。

“这样太没意思了，”他心里想，一边故意把好不容易弄到的一条鲤鱼丢给一只追逐他的饥饿的老海鸥。“我可以把所有这些时间都用来学飞行。要学的东西太多啦!”

没有别的出路。我是海鸥。我受到天生条件的局限。如果老天真要我懂得飞行的奥妙，那我就该有航海图一样的头脑；如果真要我快速飞行，我就该有猎鹰的短翅，而且不吃鱼光吃老鼠。我父亲说的对。我不该再干这种蠢事。我应该飞回到鸥群里去，安安分分做一只可怜的、天赋有限的海鸥。

刚刚发过的誓已经忘掉了，已被那阵疾风吹得无影无踪了。然而他并不因背弃了自己的誓言而感到内疚。只有那种没出息的海鸥才恪守那样的誓言。一个学习成绩超等的海鸥可不守那样的誓言。

这样，在那天早晨，就在日出后不久，海鸥乔纳森闭着眼睛，以每小时二百一十二英里的高速纪录，闪电似地在进早餐的鸥群中穿过，耳边只听得呼呼的风响和群鸥的尖叫声。

故事情节简单，这让我在决定要不要将其推荐给大家的时候，有些犹豫：假如不去关注此书畅销时美国的社会背景，我们没法理解 1972 年的美国为什么人人都在谈论《海鸥乔纳森》。可是，让中学生、小学生去了解作品畅销的时代背景，是不是为难他们了？最终决定留下它，是因为我有两个想法。

一是理查德·巴赫虽然赋予了《海鸥乔纳森》广阔的想象空间，这一点很难模仿，但他专注一点写深写透的写作手法，是我们学习写作的过程中可以借鉴的。

其二，我们需要向海鸥乔纳森看齐：每个生命都有无数种可能，每时每刻都面临无数种选择，只有飞得越高，视野才越广越远，才能看清每一种选择的多种可能性，才能确认自己真正的梦想在何方。梦想点燃渴望，渴望燃烧激情。后者，是保证我们能写出好文章的内因。

开始写作

人类最大的遗憾，是不能像鸟一样能够飞翔。虽然，飞机的发明弥补了人类的遗憾，但是，乘坐飞机哪有自己有一双翅膀可以飞翔那样自由！

练习题一：假如我有一双翅膀——请在这个标题下尽情发挥自己的想象；

练习题二：写一篇记叙文，题目是“我最喜欢的鸟”。当然，你的想象力足够的话，也可以写一只虚构的鸟。

赶紧去读

1.〔巴西〕保罗·柯艾略著，丁文林译：《牧羊少年奇幻之旅》，南海出版公司，2009年。

推荐理由：牧羊少年圣地亚哥接连两次做了同一个梦，梦见埃及金字塔附近藏有一批宝藏。为了梦中的宝藏，少年卖掉羊群后一路向南，跨过大海抵达非洲，并成功穿越了“死亡之海”撒哈拉大沙漠……在一位炼金术士的指点下，历经千辛万苦的圣地亚哥与金字塔面对面时，悟出了宝藏究竟在哪里。圣地亚哥的朝圣之旅，不也是一次飞翔吗？现在，我们可以当它是一本寓言。等我们成人了再回头读这本书，会发现它哪里只是一本寓言呀。

2.〔英〕吉米·哈利著，种衍伦译：《万物有灵且美》，中国城市出版社，2010年。

推荐理由：作者是一个兽医，也是一个讲故事能手。职业素养加上天赋，使得吉米·哈利一讲起以动物为主角的故事，就特别带劲。

“我躺在青青的草原上，懒洋洋地半合着双眼，偷偷地打量着蔚蓝的苍穹。我觉得这是恣情浪费你的感触的最好时刻……”谁说不是呢，或许还能听见鸟儿在歌唱。

3.〔英〕罗伯特·赫胥黎主编，王晨译:《伟大的博物学家》，商务印书馆，2015年。

推荐理由：主编罗伯特·赫胥黎是伦敦自然博物馆的高级工作人员。感慨于博物馆里那些收藏品背后的故事，罗伯特·赫胥黎组织编写了这本书。本书的第一个博物学家的故事，发生在古典时期，而最后一个故事的主角，活动于19世纪末。总共39位各个历史时期的博物学家，用探险经历、观察日志和发现之旅，带领我们完成了一次关于自然历史的飞翔。

第五章 我们的想象能比鸟儿飞得更远

维克多·雨果说过一段诗一般的话：

世界上最宽阔的是海洋，
比海洋更宽阔的是天空，
比天空更宽阔的是人的胸怀。

雨果先生寄语的，是一个人的眼界和胸臆。我们暂且搁下雨果先生说这段话时更为深层更为广阔的意义，让这段诗一样的语言为我们的阅读和写作服务：

世界上最宽阔的是海洋，
比海洋更宽阔的是天空，
比天空更宽阔的是人的想象。

一词之改，天上人间。我们将雨果先生的期许变成了操作手段：如何在阅读中抓住想象的光焰？又如何在这光焰的引导下，让自己的作文也飞翔起来？

从严锋的《好书》走进《夏洛的网》

图 1　中文版《夏洛的网》封面

上海的一群志同道合的编辑和作家曾经合作复刊过一本非常出色的文艺味道浓厚的杂志，叫《万象》，那一年，是 1998 年。

何以为复刊而不是创刊？因为，以“万象”为名的杂志，创刊于 20 世纪 40 年代的上海。从 1998 年复刊到转投他家，再到 2013 年关门大吉，这 15 年里，《万象》为创作者提供了优质的创作园地，也为读者提供了一大批好文章，严锋的《好书》是好文章中给我留下最深刻印象的一篇。因为有这篇《好书》，我觉得再对美国作家

E.B. 怀特的童话《夏洛的网》做评价，就是多余的。

那就让我们跟着严锋的《好书》，走进好书《夏洛的网》。

我觉得在一个理想的世界里，应该只有两种人存在，一种是读过《夏洛的网》的人，另一种是将要读《夏洛的网》的人。有时候，半夜里醒过来，摸摸胸口还在跳，就会很高兴，因为活着就意味着还能再把《夏洛的网》读一遍，而读《夏洛的网》就意味着还活着。

那么，这本让严锋产生“活着就是为了读《夏洛的网》”这种“偏执”念头的书，究竟讲了一个什么样的故事呢？

故事发生在美国的一个农场里。朱克曼家的母猪生了一窝小猪，其中的一只可能在母胎里没能竞争过它的兄弟姐妹，长得非常弱小。朱克曼先生举起斧子打算杀掉这只在他看来肯定养不大的小猪。朱克曼家的小姑娘芬又是央求又是哭号地从爸爸的斧子下救下了小猪，还给了它一个名字，威伯。

假如跟自己的兄弟姐妹在一起，弱小的威伯就会遭到欺负。它只好在谷仓里跟牛马羊鹅做友邻。猪与牛马羊鹅哪里会有共同语言？所以，住在谷仓里的威伯，孤独极了。把它救下来的小姑娘芬，看到了威伯的孤独，除了喂它牛奶，还跟威伯一起玩。不过，在谷仓里待久了，威伯也有了自己的好朋友，它们是小鹅、小鸭和小羊，它们在谷仓里开心地长大。

一天晚上，威伯听到一个细弱的声音在喊它：“威伯，你愿意和我做朋友吗？”说话的，是灰蜘蛛夏洛。打那以后，夏洛就在谷仓的门框角上织网，苍蝇蚊子都逃不脱夏洛编织的这张网。

威伯越长越大，也越长越肥了。这一天，老羊带来一个坏消息：朱克曼先生打算杀了威伯用来做熏肉和火腿，迎接圣诞节。威伯一听，惊恐又绝望地大喊：“我不想死！”夏洛安慰它：“你不会死的，我来帮你。”

第二天一早，朱克曼先生来到谷仓，看见谷仓门框的一个角落有一张蜘蛛网，让朱克曼大感意外的是，蜘蛛网上还有“好猪”的字样！朱克曼先生大吃一惊，觉得那是上帝的旨意，便决定暂时留下威伯。得知朱克曼先生不杀威伯后，夏洛很开心，为自己的灵机一动和一夜辛苦得到的好结果而感到开心。

但是，夏洛没有想到的是，威伯因此暴得大名。农场里很多人都知道朱克曼家有一头神奇的猪，他们纷纷前来参观，这也给夏洛带来很大的压力：下次不能再织“好猪”这两个字了吧？为了再救威伯，夏洛向谷仓里的伙伴们征询意见。

母鹅的建议是：真棒。

老鼠叼着广告纸片来了。可“松脆”二字不是在提醒人们可以将威伯烤得又香又脆吗？怏怏不乐的老鼠只好再去叼纸片，这一回叼回来的“闪光”二字，人人都说好。

来参观朱克曼家的威伯的人越来越多，主人一开心打算送威伯去参加农展会。为了给威伯鼓劲，老鼠和夏洛也偷偷地跟着主人和威伯来到了农展会。在夏洛和老鼠的帮助下，威伯获了奖，还挂着奖牌拍了一张照片。夏洛开心地告诉威伯：这下你安全了。

快要产卵的夏洛感到非常疲倦，她对威伯说自己快要死了。威伯难过地哭着喊道：“我不让你死。”但老迈的夏洛费劲地织完“谦虚”后，还是死了，死前，夏洛对威伯说：“因为帮助了你，我的短暂生命变得更有价值了。”

威伯带着夏洛留下的卵囊回到了谷仓，他时常看着门框角落上夏洛留下的已经残破的网，暗自神伤。威伯暗下决心，一定要保护好夏洛的后代。春天来了，几只灰蜘蛛从卵囊里出来了，威伯高兴坏了。在威伯的恳求下，三只灰蜘蛛在原来夏洛织网的地方开始织网。从那以后，一代又一代灰蜘蛛破囊而出后，总会有几只留下来陪伴威伯。威伯再也没有感到过孤独，他深深地感谢和怀念老友夏洛。

我真的记不得我有多少次看《夏洛的网》了，我熟知那里的每一个细节。可是，每次当我再听到这个黑暗中的坚定的声音的时候，还是忍不住头皮发麻，热泪盈眶。这是（发生在猪圈里的）伟大的一瞬间，就像上帝在说："要有光"。但是这里却并没有什么上帝，而是一只叫夏洛的蜘蛛。夏洛答应威伯，她一定会想办法拯救他的生命。夏洛说了一句我们每个人都应该记住的话："我会做你的朋友，你醒过来，睁开眼睛，就会看见我。"

夏洛和威伯最后的对话简单中见真诚，感人至深：

"夏洛，"威伯停了一会儿说，"你怎么一点声音都没有啦？""我喜欢静静地待着，"她说，"我一向喜欢安静。""可是你今天好像有点不一样，你没事吧？""可能有点儿累吧，不过我挺满意的。你早上在会场上的成功也有我的小小一份功劳。你将来会没事的。你能够太太平平地活下去啦，威伯。没有什么东西再可以伤害你了。往后是秋天，会变凉，白天会变短，叶子会从树上掉下来。然后是圣诞，是冬天，会下雪。你会活下去，看到冰封雪飘的好风景，因为你对查克曼家意义重大，他们不会伤害你了，再也不会了。冬天过去后，白天又会变长，池塘里的冰就会融化。百灵会回来唱歌，青蛙也会醒来，又会吹起暖暖的风。所有这些好看的东西，好听的声音，好闻的味道，都等着你去欣赏呢，威伯，这个美好的世界，这些珍贵的日子。"夏洛说着说着停了下来。

夏洛缓慢而又安静地死去，但是在死以前，除了拯救威伯外，实现了自己对朋友的承诺以外，她也完成了一件自己的最重大的作品，一个水密的囊袋，里面安安稳稳地装着她的514个未来的儿女。威伯想尽办法把囊袋带回了农场，到了来年春天，小夏洛们一个个地破囊而出，乘风而去，但还是有三个小蜘蛛愿意留下来陪伴威伯，继续他们的母亲和威伯的友谊。

谁也不相信这个感人至深的故事会发生在一头猪和一只蜘蛛之间，

E.B. 怀特只是将他对人世间的情感期许寄托在了一头猪和一只蜘蛛身上。问题来了，E.B. 怀特是怎样找到这么贴切、这么可亲、这么招人怜爱的喻体的？

童话作家 E.B. 怀特的另一个身份，是《纽约客》的专栏作家。专栏作家还有一个身份，是康涅狄格州一家农场的农场主。"照顾农场动物一事的道义让安迪耿耿难安。当他走在清晨的雾霭里，经过谷仓的拐角，再下到谷仓的地窖，扛着一桶满溢四溅、供猪食用的泔脚时，他一次次面对的是他所想到的重复劳动。他的猪给予他充分的信任，相信他会提供食物、看守门口，而安迪也尽职尽责地履行这些工作。但几个月过去了，他准备背叛这一生物的信赖，并将其宰而杀之……" 1947 年 9 月，一头猪死了，安迪深感失落。这一头意外死去的猪久久徘徊在安迪的脑中，1949 年初他受到一位编辑的邀请，写作一篇主题为感怀往事的文章，他又想到了那头没能逃脱厄运的猪。其实，他是在思考一个问题：农场里的人类与动物之间的关系。现在，安迪所要做的，是替猪找一个故事里的伙伴，"这只蜘蛛住在谷仓屋顶下面。因着屋檐的庇护，它的网宛若一个雅致的球体，内里的环线和辐线在清晨露珠的照耀下，像极了一串古董项链……"（节选自《夏洛的网的故事》）

接下去的故事不用参考《夏洛的网的故事》，我们也能猜出来，E.B. 怀特用自己的想象将意外死去的猪和谷仓屋顶下那只蜘蛛以及农场里的动物，连缀成了一个故事——《夏洛的网》。写毕《夏洛的网》，E.B. 怀特有没有厘清他一直苦苦思考的问题？哪怕在他的散文集《最美的决定》里他给出过答案，可农场里的人类与动物之间究竟是什么关系，直到今天都苦恼着《夏洛的网》的成人读者。不过，若是只把它当做一本儿童文学作品来看，不知有多少少年儿童被 E.B. 怀特的故事逗得先开心地笑，然后又产生了一种莫名的难过。

除了《夏洛的网》以外，E.B. 怀特还创作过两部童话作品《精灵鼠小弟》和《吹小号天鹅》，每一部都是不断再版的经典。《夏洛的网》初版于 1952 年，至今已经有二十多种译文，发行 500 万册以上（2000 年前的统计数字）。

从我第一次读《夏洛的网》到现在，几乎已经有20年过去了，但是我一直都没能搞明白，这部“儿童文学”何以能够如此长久地令我着迷。这种着迷到最后已经成了一种偏执。我以传教般的热情把它推荐给自己所认识的每一个人，并且非常紧张地等待对方的反应，如果他们说好，我就会大大增加对他们的好感，如果对方反应平平，我就会掉头而去。

《奇风岁月》，想象是怎么从生活中生长起来的

也许，有人会感叹，没有一片云彩掉在我的头上，老天没有赋予我灵感，所以，我没有飞扬的想象力，也就写不出好文章。问题是，我们不是生活在真空里，我们身边每天都在发生许多事情，快乐的、悲伤的、让人开怀大笑的、令人心有戚戚的，各种情感大戏每天都在我们身边发生，只是我们做不到有心去观察，所以，我们看不见它们。

看得见的有心人会邀请自己身边人和发生在自己身边的事进入到自己的文章里，不是吗？不少作家都是以“自传体小说”这种文体敲开文坛大门的。

美国作家罗伯特·麦卡蒙，除了《奇风岁月》之外还有其他作品吗？反正我没找到，可见，少年往事在这位作家的记忆中占据了一种怎样的重要地位。最终，这记忆帮助他完成了一部堪与《麦田守望者》媲美的少年成长小说《奇风岁月》。

图2　中文版《奇风岁月》封面

“《奇风岁月》简体中文字版像一块红砖一样厚”，用这样一个句子形容《奇风岁月》，有两层意思，一是真的非常厚，有607页，不知道今天还有没有少年能废寝忘食地读完这本将少年成长过程中各种心事纤毫毕现地展现出来的小说呢？第二层意思是，中文简体字版的《奇

风岁月》封面的主色调就是砖红色的，像一块红砖一样有质感。数年前我因为工作需要初读这本小说时，读得有些匆忙，就一直惦记着要重读。终于有时间重读了，捧起装帧有些马虎的《奇风岁月》，不请自来的兴奋之情让我忍不住问自己：罗伯特·麦卡蒙在小说里究竟写了什么，让我念念不忘？

小说始于一桩命案：那天清晨，风还有些凉，小男孩科里跟着送奶工爸爸出现在奇风镇给家家户户送牛奶。爸爸开着车经过一片小树林时，一辆斜刺里杀出来的车冒失得差一点撞上科里家的车。父子俩惊魂未定呢，那辆车已经冲入了奇风镇的湖泊里。爸爸吩咐科里在车里好好待着，自己来不及脱鞋脱衣服就扑进湖里。爸爸看见，那辆车的驾驶员已经死亡，但不是死于刚刚发生的车祸，因为死者的双手被手铐铐在了方向盘上。

很想知道这桩凶杀案的凶手是谁，是吗？那就手不释卷地沉浸在《奇风岁月》里吧，你会发现罗伯特·麦卡蒙很快就宕开一笔写起了少年科里在成长中尝到的快乐和阵痛——他像是忘了沉入湖底的那个死者。

说起来很有意思，有时候，当你看着那两个把你带到这世上来的人，你会在他们身上很清楚地看到自己的影子。于是你就会明白，在这世上，每个人都是自然法则妥协的产物。每个人都一样，没有例外。

我可以想象，从那古老的年代以来，人跟人之间的沟通，都是起源于一种渴望：说故事的渴望。不论是电视、电影，或是书，都是在说故事。这种说故事的强烈渴望是全人类共有的。至于听故事呢，那种感觉就像跳出自己的人生，走进别人的人生，即使只是短暂的片刻。而那种感觉，就像一把钥匙，打开一扇神秘的门，连接上那种我们与生俱来的神秘力量。

有时候，当你希望大人多注意你，多关心你一下，他们偏偏就心不在焉。而有时候，当你希望大人不要来管你，他们偏偏就会死盯着你。大人好像都是这样。

我觉得我明白是什么东西在吞噬爸爸的心。那并不单纯只是因为他亲眼目睹死人，也不是因为那个人是被谋杀的，毕竟，那并不是奇风镇第一次出现谋杀案。尽管我们这里难得碰到这种案子，但终究不是第一次了。我认为，令爸爸内心饱受折磨的，是那种残酷冷血的行径，那种恶毒。

这是我们的奇风镇，夏天才刚开始。清晨，空气中弥漫着薄雾，接着，太阳出来了，晨雾渐渐消散，空气中开始弥漫着浓浓的湿气。那湿气有多重呢？就算你只是走过院子到信箱去拿信，等你走回屋里的时候，你会发现衣服已经湿透，整个黏在皮肤上。到了中午，你会感觉地球仿佛已经停止转动，那蒸腾的热气足以把半空中飞过的小鸟烤熟。到了下午，你会看到西北边的天际涌起一团暗紫色的浓云。

我在这首歌里听到的，和布莱萨牧师听到的根本不一样。我听到的，是灿烂明亮的夏日，是人间天堂。可是他听到的，却是地狱的景象，魔鬼的诱惑。我觉得很奇怪，既然他是上帝的使者，那他听到的为什么总是撒旦的声音？

整个 7 月恍恍惚惚就过去了，有如一场梦。那段时间，套句我们奇风镇的名言，我“好像很忙，可是却不知道忙了些什么”。

……

摘录这些句子是想说明，与其说《奇风岁月》是推理小说，不如说是“少年成长小说”更妥帖。读起来比推理小说更值得回味的少年成长故事，让我在阅读的过程中常常会把书扣在书桌上看着窗外的苍狗白云，想想我的少年往事。那时，上海城区跟乡村的关系比现在密切多了，我家所在的区域在上海不算太偏僻，可是，走出家门走上 10 分钟就是菜田。我们总是在天地间疯跑，玩起逃江山、跳橡皮筋、刮刮片等游戏就更忘乎所以了。记忆中，大片的菜田里有两个大粪坑，可我们的爸爸妈妈似乎从来不曾担心过我们会在疯玩时跌入粪坑。

我还记得在大片的菜田中央突兀地杵着一间歪斜的小屋，里面住着一个名叫倪爱莲的女孩，她是我的同学。她家为什么离群索居？我们被告知是因为她爸爸是坏分子。奇怪的是我们这群淘气的孩子会互相欺负却从来没有欺负过倪爱莲，为什么？她如莲花一般柔弱得令人爱怜。现在知道，倪爱莲的名字出自周敦颐的《爱莲说》；现在也知道了倪爱莲的爸爸是右派——这就是《奇风岁月》的魅力，它能与我隐秘的少年心事共舞。“它唤醒每个读者心中的少年梦”，这句写在腰封上的这句话，千真万确。

所以，读到后来，我已经忘记去探知到底是谁将沉入湖底的那辆车的驾驶员铐在了方向盘上。但，《奇风岁月》没有枉担“推理小说”的名声，最后，凶手找到了，他就是奇风镇上最和气的医生乐善德。**乐善德**是纳粹，是新纳粹主义者，是全世界追捕纳粹战犯组织的搜捕对象——假如是为了这个重大题材去阅读《奇风岁月》，恐怕我不会将该书读完，类似的题材有写得更好的小说，如《生死朗读》和《德语课》。

《奇风岁月》让我嗅到了少年人身上特有的气味：看天天高看地地广，面对这个世界跃跃欲试但事到临头又总是茫然无措。少年就应该在透明的天空下呼吸着自由、洁净的空气，尾随而至的新鲜事会追着少年的脚后跟催促着少年们快跑，虽常有气急的时候，气喘吁吁中少年却乐不可支——天下少年皆如此？

既然，我们也有这样的少年时代，就让我们提笔写字，写下我们的少年时代。恰好，《奇风岁月》中老师也曾劝说过打算做作家、天赋颇佳的科里怎么从少年起就开始练习写作。“把所有的事都记下来。”她说，“无论什么事都要尽量记住。你一定要好好记下你活过的每一个日子，一定要记得某些事。而且，你一定要好好珍惜那些记忆，因为那真的太珍贵了。”

还有一位居住在奇风镇的作家对科里说：

“那本书描写的是生命，是人生。那些你曾经有过的欢乐与悲伤，你曾经听过和说过的话，还有生活中的点点滴滴，这一切组成了你的记忆，构成你的人生。人生就像河流一样蜿蜒，缓缓奔流，你永远不知道自己将流向何方，直到最后那一天。然而，那段旅程却是甜蜜而深沉的，你会希望人生可以绵延无尽，直到永远。从某个角度来看，少年岁月终究会有结束的一天，但你的人生旅程却还是会继续走下去。”

我觉得，写作的锦囊妙计都在这两段话里。

也许，就是因为写作是一件这么好的事，将自己的少年生活写成一部能够流芳百世的作品，成了许多人的追求。

《妈妈走的那一年》，就算宅在家里也有临摹对象

威廉·麦克斯韦尔，生于1908年，2000年去世，著名编辑、小说家、散文家、童书及传记作者，曾任职《纽约客》40载，是纳博科夫、厄普代克、塞林格等诸多美国当代重要作家的伯乐、知己与导师。著有包括《再见，明天见》在内的6部长篇小说，荣获美国国家图书奖、美国艺术与文学学院奖章、美国笔会/马拉穆德奖、马克·吐温奖等。

《妈妈走的那一年》，就是他6部长篇小说中的一部，也是我早于《再见，明天见》读过的威廉·麦克斯韦尔的小说。

图3 中文版《妈妈走的那一年》封面

我将威廉·麦克斯韦尔的小长篇《妈妈走的那一年》比作一杯苦咖啡，只取苦咖啡的气味，焦香而苦涩。若说这本小说的即视感，是春深时节清晨的荷花池，水汽袅袅上升。此景，朱自清先生有金句形容，“又像笼着轻纱的梦”。

一杯咖啡，滚烫时、温吞时、微凉时喝都会有不一样的口感。在《妈妈走的那一年》中，作者恰好选择了三个视角，叙述了西班牙大流感不期而至后，妈妈从怀孕到去世的几个月间在他们眼中的情状。

三个视角，分别是小儿子邦尼、大儿子罗伯特和丈夫詹姆斯。

邦尼的视角，是滚烫的黑咖啡。虽然作者没有详尽地交代，但是，我们能够体会，在哥哥罗伯特意外中失去一条腿的时段里邦尼遭遇到的冷落。想想也是必然，罗伯特倒在血泊里后，妈妈、爸爸，还有艾琳姨妈甚至家中

的厨娘索菲、帮工卡尔不就得全力以赴地投身到对罗伯特的抢救中吗？小说开始的时候，邦尼 8 岁，13 岁的罗伯特戴上假肢已经能健步如飞。罗伯特发生意外的时候，邦尼多大？要让一个小男孩明白，他被暂时“搁置”不是因为大人们不爱他而是彼时的罗伯特更需要大人们的关怀，邦尼能做到似懂非懂，已不简单。在他 8 岁时如口香糖一样黏着妈妈时，骤然探清妈妈正在做的不是茶巾而是给即将出世的小婴儿用的尿布，对即将再度失去妈妈全身心爱的惧怕，对喜欢阅读的人而言并不陌生，只是，读《妈妈走的那一年》的过程，就是被威廉·麦克斯韦尔那守旧但几笔就能触动阅读者心弦的文字屡屡捕获的过程。“总是那样，当他和母亲单独相处的时候，书房显得特别温馨和亲切。除了偶尔的互动，他们通常不说话，甚至都没有抬眼睛。然而，通过他们各自做的事情，他们意识到对方的存在。如果母亲不在这儿，如果她在楼上自己房间，或是在厨房向索菲交代午餐的烹饪事宜，那么，对邦尼来说，这里所有的东西都是虚无不实的——或是死气沉沉的”。

《妈妈走的那一年》的环衬上说，威廉·麦克斯韦尔是纳博科夫、厄普代克和塞林格的伯乐、知己和导师。人以群分，中国的这句老古话很容易让人觉得，威廉·麦克斯韦尔应该是一个先锋作家，没有想到，他们相互吸引只是因为对文学的忠诚。威廉·麦克斯韦尔的忠诚是用最传统的小说手法写出瞬间能抵达人心深处的好文字，这种能力，在我看来要比纳博科夫的惊世骇俗、厄普代克的放浪不羁、塞林格的一骑绝尘更加难能可贵。

文学想象，如果背离了我们熟悉的生活环境，怪力乱神起来，看似很难，其实灵光乍现以后，反而能自由自在。贴地飞行的文学想象，就不那么容易了，仅一个“合乎逻辑”，就能把作家逼到犄角旮旯想撞墙。试想，“如果她是这样一个人——如果她陷于困境之中，这世上不会有任何力量能够让他从她身边离开。可是她并不真正爱她……泪水奔涌而出，滚热滚热，不受阻挡，从他的脸颊上流下来，滴落到枕头上……”这种小男孩对母亲依恋至深的文字，端的是没有切身体验过怕是不能想象的，所以，写作的至境是囿于自己的过往进行虚构。那种虚构，不能天马行空，却要用平常的生活打动阅读者，就像威廉·麦克斯韦尔的这一段文字，我得承认，在他的作品“诱引”下我曾经回忆过自己的童年并试着落笔写下来，但是很难。于是，更加觉得那样朴实而真挚的描写，难有后来者。正因为如此，我们需要一遍遍地读这样的好小说。

假如没有随之而来的温吞和微凉的黑咖啡，我们可以猜测，威廉·麦克斯韦尔自己就是邦尼。那样的假设似乎会减弱威廉·麦克斯韦尔浑然天成的写作才华！可是，真正有才华的人从来不怕他人的猜忌，如他的写法一样朴实无华的威廉·麦克斯韦尔，继续用他的想象显示他作为小说家多角度写作的才华。

相比第一卷“谁的小天使”这样的标题，第二卷的“罗伯特”如罗伯特的假肢戳到地板上的声音一样，直接又硬朗。于是，“罗伯特”的文字，不再像“谁的小天使”那般纤秾，而是一个正在试图跨越男孩到男人分界线的13岁大男孩的宁折不弯，“和母亲在一起，罗伯特几乎从来没有拘束和不安的时候。对她而言，和罗伯特谈论自己内心的想法，是再随意和自然不过的事情，她不会把话说到一半打住，几乎从来没有。同样，他会轻松自在地告诉她所有的事情，因为他们之间的默契，比如到时候，他总是知道她会去整理清洗好的床单和枕套”，引文至此，我除了折服于作者总能将家庭成员之间浓到化不开的情感依恋寄托到日常用品上的妙招之外，还感慨：威廉·麦克斯韦尔从来没有正面颂扬过《妈妈走的那一年》中的妈妈有着什么样的人格魅力，却用邦尼和罗伯特的情感投射，呈现了一个几近完美的妈妈。邦尼和罗伯特对妈妈不一样的依恋，犹如宝石的不同切割面，发散出不一样的光泽。那么，当得知妈妈去医院生孩子之际罹患了流感后，罗伯特一次次痛悔没有拦住母亲居然让她在病中的邦尼床边坐了片刻，才愈加让人动容。

第三卷的叙述者，是邦尼和罗伯特的爸爸詹姆斯·莫里斯先生，这个邦尼和罗伯特眼里的严父，痛失妻子才意识到自己的生活从此出现了一个难以填补的大窟窿，“一个罗盘点”，就是该章节的名字，有什么含义？未及明白，却被这一章中的这一句话将思维空间全部挤满：“他向门口转过身，不意间看见邦尼，他正用那双酷似伊丽莎白的眼睛惊恐地注视着他”，咖啡到了詹姆斯手中，已经变凉，苦涩盖过了香气，（区别度如此之大的想象，作家是如何完成的？）对读者亦然：经由邦尼、罗伯特到詹姆斯，他们的妈妈、他的妻子伊丽莎白·莫里斯，形象完整又完美起来。再念及她已经被流感夺去了生命，我们心中郁积的伤感，全都被威廉·麦克斯韦尔激活了，变成了饮泣——这就是一本好小说在起作用了吧。

可是，眼泪不全是为了悲伤，有时候，过于温暖也会让读者泪流满面。我们为《妈妈走的那一年》而落泪，更是因为印在腰封上的这句话——“关于我母亲的死，我再也没有什么好说的了，永远”，有多少深情凝聚在了这句不见波澜的话里？所谓静水流深，便是如此了。

我们说写作离不开想象，很多时候，我们总是狭隘地去理解“想象”这一概念，觉得让谷仓里的那头猪叫威伯、让谷仓门框下那只灰蜘蛛叫夏洛，才是想象。其实，能够将看起来与我们相似的少年生活写成一部厚厚的《奇风岁月》，能够从三个不同的角度完成一个完美的妈妈形象，一点儿也不能离开想象。有了想象，我们每一个人的生活都能变成一本精彩的小说，或者散文。

比如，像李娟的《我的阿勒泰》。新疆阿勒泰地区的生活平淡又乏味，但是，横空出世的女作家李娟，却在平淡和乏味里添加了想象，她的想象帮助李娟成为时下最热门的作家之一。

丑丑和赛虎

大狗丑丑一点也不丑，浑身卷毛，眼睛干净明亮。它三个月大时被我妈收养，带进了荒野。每天所见无非我妈、赛虎和鸡鸭鹅兔，以及日渐华盛的葵花地。因此当鹅喉羚出现时，它的世界受到多么强烈的震荡——

它一路狂吠而去！经过的秧苗无一幸免。很快，它和鹅喉羚前后追逐所搅起的烟尘向天边腾起。

我们本地人管鹅喉羚叫“黄羊”，虽然名字里有个“羊”字，却比羊高大多了。鹅喉羚身形如鹿，高大瘦削、矫健敏捷，爆发力强。其奔跑之势，完全配得上“奔腾”二字。而丑丑也毫不含糊，开足了马达紧盯不落，气势凶狠暴烈。唯有那时才让人明白，狗是野物啊！虽然它大部分时间总是冲人摇头摆尾。

我妈说：“甚至有一次，它已经追上一只小羊了！我亲眼看到它和羊并行跑了一小段。然后丑丑猛扑过去，小羊被扑倒，丑丑也没刹住脚，栽过了头。小羊翻身再跑，就那一会儿工夫，给它跑掉了。”

——羊是小羊，体质弱了些，可能跑不快。可那时丑丑才四五月，也是个小狗呢。

丑丑一点也不丑，浑身卷毛，眼睛干净明亮。是一种纯种的哈萨克牧羊犬。虽然才四五个月大，但体态已经接近成年狗了。

我妈到哪儿都把丑丑叫上。一个人一条狗，在空旷大地中走很远很远，直到很小很小。

每当我妈突然站住：“丑丑，有没有羊？！”它立刻浑身紧绷，冲出几步，锐利四望。

丑丑不但认识了鹅喉羚，还能听懂“羊”这个字。

而赛虎大了几岁，能听懂得就更多了。有“兔子”，“鸡”，“鸭鸭”等等。

问它：“兔子呢？”

立刻屁颠屁颠跑到兔子笼边瞅一瞅。

“鸭鸭呢？”

扭头看鸭鸭。

“鸡呢？”

满世界追鸡。

我家养过许多狗。叫“丑丑”的其实一点也不丑，叫“笨笨”的一点也不笨；叫“呆呆”的也绝对不呆。所以一提到赛虎，我妈就非常悔恨……当初干嘛取这名？这下可好，连只猫都赛不了。

赛虎是小型犬，温柔胆怯，偶尔仗势欺人。最大的优点是沟通能力强，最大的缺点是不经脏。它是个白狗。

丑丑的地盘是整面荒野和全部的葵花地，赛虎的地盘是以蒙古包为中心的一百米半径范围。赛虎从不曾见过鹅喉羚，但一提到这类入侵者，它也会表示忿恨。

它从不曾真正参与过对鹅喉羚的追捕行动，但每当丑丑英姿飒飒投入战斗，它一定会声援。真的是“声”援——就站在家门口，冲着远方卖力地吼。进入盛夏，鹅喉羚集体消失了。明显感到丑丑有些寂寞。可它仍然对远方影影绰绰的事物保持高度警惕。每当我妈问它“有没有羊”的时候，还是会迅速进入紧张状态。

那时它又长高长大了不少，更加威风了，也更加勇敢。

而赛虎的兴趣点很快转移了。它发现了附近的田鼠洞，整天忙着逮耗子。我家蒙古包一百米半径范围内的田鼠洞几乎都被它刨完了。一直刨得两只狗前爪血淋淋的仍不罢休。为什么呢？惭愧，我妈给它开的伙食太差了。

“我和李娟生活在同一片广阔阿勒泰的大地上。但是在看李娟的这本书之前，我从来没有意识到向日葵地是这样的美好，在我的记忆里，种地总是与贫穷和脏乱联系在一起……”这是一位读者的留言，为自己没有李娟那样的想象力，而遗憾，而落寞。

图4　中文版《杀死一只知更鸟》封面

《杀死一只知更鸟》：为生活哲理插上翅膀后

想象，除了能在我们平淡、乏味的生活里撒进一把盐，使其成为一部读不完的好作品外，还有什么作用？再来读一部小说，哈珀·李的《杀死一只知更鸟》。

小说初版于 1960 年，写的故事发生在美国南方小镇梅科姆，时间跨度是 1933 年至 1935 年，书名用了一句美国南方谚语“杀死一只知更鸟”，作者哈珀·李是想通过小说控诉在 20 世纪 30 年代的美国南方非常盛行、而到了 20 世纪 60 年代虽有收敛却依旧暗潮涌动的种族歧视问题。

作为南北战争时期著名将军李的后代，哈珀·李写了一本揭示种族歧视问题的小说《杀死一只知更鸟》，她因而被家族诟病似乎在情理之中。而哈珀·李在《杀死一只知更鸟》之后隔了许多年才有作品问世，在这之前很长一段时间里她几乎幽闭了起来，为什么？我想她用沉默表示：那就是一个故事。哈珀·李只是想象将自己儿时的记忆艺术化了，各种解读都是读者的附会，当附会超出了哈珀·李的预期，她以沉默表示抗议，不知道哈珀·李是否想过，一部美国文学史，从来就不缺乏控诉种族歧视问题的作品，为什么她的这本读着让人觉得云淡风轻的《杀死一只知更鸟》，会在出版不久就引起如此大的轰动？在国内获得了普利策奖，在国外被译成了多种文字。

同样的故事我们可以用不同的笔调加以呈现，哈珀·李选择了一种非常优雅的行文方式，那种从容的、微笑着的、不纠结的叙述方式。第一遍读《杀死一只知更鸟》时，真为女作家担心：你说的不是今天天气不错、某条街上一家小店的曲奇饼不错、隔壁邻居家的女主人昨天穿的那条连衣裙不错等等这样的适合用闲适口吻陈述的生活琐事！一个名叫汤姆·罗宾逊的年轻人，被人诬告犯了强奸罪后，只是因为是一个黑人，辩护律师阿蒂克斯·芬奇尽管握有汤姆不是强奸犯的证据，都无法阻止陪审团给出汤姆有罪的结论。此一妄加之罪，导致汤姆死于乱枪之下——《杀死一只知更鸟》讲述的是这样一个沉重的故事。令我们意外的是，哈珀·李用一种甜丝丝的语言让儿童来叙述一个暗黑、沉重的话题，呈现的艺术效果非常特别，这种叙述帮助《杀死一只知更鸟》成为一部经典，而根据小说改编的电影也成了美国 50 部艺术佳片之一（电影的视角跟小说一样）。大概，哈珀·李当初写这本小说的时候就有这样的野心：当种族歧视已不再是一个话题的时候，她的小说依然保持着旺盛的生命力。

哈珀·李的愿望变成了现实。她通过小说塑造的名叫阿蒂克斯·芬奇的小镇律师，几乎是一个教科书般的完美男人。小说开始没多久，叙述者、阿蒂克斯的女儿斯科特就给阿蒂克斯这样的评价："阿蒂克斯是我们非常满意的爸爸，陪我们玩，给我们读书，对我们公正又随和。"有着这样性情的中年男人（小说特别指出，阿蒂克斯结婚的时候已经40岁了），会怎样与那个他并不特别满意的社会形态（不然，他不会为汤姆辩护）和谐相处呢？他总是以自己太老了作为挡箭牌给自己织了一件意念中的绵里藏针的外衣，比如，太老了不能陪儿子吉姆踢球了；太老了，就是端起枪来也瞄不准了；太老了，镇里的无赖就是挑衅到了眼前，只要没有伤及尊严和家人，都是一笑了之的……

"你射多少蓝鸟都没关系，你要记住，杀死一只知更鸟就是一桩罪恶"，"知更鸟只唱歌给我们听，什么坏事也不做。他们不吃人们园子里的花果蔬菜，不在玉米仓里做窝，它们只是衷心地为我们唱歌。这就是为什么说杀死一只知更鸟就是一桩罪恶"。后一句话，是斯科特不明白爸爸关于"杀死一只知更鸟就是一桩罪恶"的话去追问莫迪小姐而得到的答案。这段答复，几乎就是阿蒂克斯的做人原则：爱护知更鸟的人，他给他们无私的帮助、温暖的怀抱、适度的进退以及无微不至的关怀。当然，如果你杀死了一只知更鸟，阿蒂克斯就会以牙还牙，在几乎整个镇子的人都反对的前提下，阿蒂克斯都要在法庭上替无罪的汤姆辩护，哪怕自己的儿女会因此受委屈。当12人陪审团无情地告诉阿蒂克斯汤姆有罪时，他的恨铁不成钢；当警长告诉阿蒂克斯汤姆死于乱枪下时，他的悲愤；当吉姆因为阿蒂克斯为汤姆辩护而在月黑风高之夜遭人暗算时，他由为儿子伤情而焦灼到对梅科姆镇那些无赖无意改变种族歧视痼疾的愤懑，让读者对这个有着柔弱的外表却异常坚定的大叔，产生了由衷的感佩，甚至，在读过《杀死一只知更鸟》后的数天里，遇到事情会情不自禁地想一想：阿蒂克斯会怎么办？《杀死一只知更鸟》是哈珀·李运用自己童年记忆完成的一部杰作，这没错。可谁又会觉得阿蒂克斯就是哈珀·李的父亲呢？顶多，父亲只是原型，在此基础上哈珀·李运用自己的想象为全世界的文学爱好者奉献了一个完美的男性角色。

从《奇风岁月》《妈妈走的那一年》到《杀死一只知更鸟》，想象的翅膀因为带上了理性的光芒，而格外美丽。

开始写作

没有想到，能比鸟儿飞得更远的想象，我们却让它飞回了家，飞到了爸爸妈妈身边。或许，你会因此喜笑颜开，觉得这一回的练习题容易操作了。是吗？那就写起来吧，

练习题一：记忆中的妈妈总是我们的保护神，我们睡着前的一刹那，妈妈还在给我们读睡前故事；我们饿的时候妈妈已经把蛋糕递到我们手里；我们身体有恙时，妈妈抱起我们飞奔去医院……努力回想，妈妈有特别虚弱的片段吗？然后，将这个片段装饰上自己的想象后，写下来。

练习题二：将自己变成爸爸，站在爸爸的角度，写一写妈妈。要求是，在教育你的问题上爸爸妈妈有分歧后，爸爸是怎么想办法说服妈妈的。可以模仿《妈妈走了以后》中爸爸的视角。

赶快去读

1.〔德〕帕特里克·聚斯金德著，宋健飞译：《夏先生的故事》，上海译文出版社，2020 年。

推荐理由：《夏先生的故事》的作者创作过一部惊世骇俗的长篇小说《香水》，先提醒大家，这是一本成年人的必读书，请将它列入自

己的书单。《夏先生的故事》比《香水》薄了许多，但在我看来，分量一点儿也不轻，帕特里克·聚斯金德将一个怪老头和一个少年在夏天里纠缠在一起后发生的故事，写得既情深又富有哲理。

2.〔日〕安房直子著，彭懿译：《遥远的野玫瑰村》，少年儿童出版社，2004年。

推荐理由：日本儿童文学作家安房直子的一本童话小说。其实，安房直子的每一本童话都值得推荐，特别推荐《遥远的野玫瑰村》，只是因为那是我读到的第一本安房直子的童话，紫罗兰色的属于少女的诗，被安房直子渲染得无比美好。孤独，是安房直子童话中永远的母题。该怎么理解孤独？其实，孤独不是一个不好的词。孤独，是一种美好的境界，安房直子如此界定。

3.〔美〕海明威著，吴劳译：《老人与海》，上海译文出版社，2009年。

推荐理由：海明威因为这部作品荣获了诺贝尔文学奖，所以，推荐《老人与海》的理由太多了。我们的推荐理由是，请从少年的角度体察老人的心境，然后，体会一下，在这样一个老人身边，一个少年成长了几许，以及，人是怎么从陌路变成亲人的。

第六章

跨越了时间和空间的想象

E.B. 怀特的《夏洛的网》，是一部极具想象力的童话。猪本身没有故事，蜘蛛也不会悲天悯人，但 E.B. 怀特给了小猪和蜘蛛名字以后，情形就不一样了。叫威伯的小猪和叫夏洛的蜘蛛在《夏洛的网》这本书里，一起为我们讲述了一个意料之外情理之中的温暖故事。

相比《夏洛的网》显而易见的想象，罗伯特・麦卡蒙在《奇风岁月》中的想象，就显得非常脚踏实地了。作家将源于生活的素材用想象加以“烹调”，让一个少年平淡的小镇生活变得丰富且回味无穷。

至于《妈妈走的那一年》，则让我们体会到了作家安排想象的多种手法。麦克斯韦尔通过从 3 个不同角度的叙述，将妈妈的故事讲得丰富又丰满。作家怎么可能同时是父亲、大儿子罗伯特和小儿子邦尼？想象使这些都成为可能。

除了《夏洛的网》，让《奇风岁月》和《妈妈走的那一年》成为经典的想象，都非常脚踏实地。那么，无所不能的想象能不能穿越时光隧道和上天入地呢？

怎么不能？！

《毛毛——时间窃贼和一个小女孩不可思议的故事》，潇洒地把控时间的想象

《毛毛——时间窃贼和一个小女孩不可思议的故事》（以下简称《毛毛》）这本书的作者是个德国人，名叫米切尔・恩德。他不像 E.B. 怀特那样广为人知，却是我最喜欢的当代儿童文学作家。这些年，我像《祝福》里的祥林嫂一样逢人便推荐他的《奥菲利娅的影子剧院》和《犟龟》，尤其是遇到爱阅读的孩子的时候。特别是《奥菲利娅的影子剧院》，我总会从书架里抽出来一读再读，因为，米切尔・恩德的这个故事，将想象可以无远弗届，做了最经典的诠释。

不过，就用想象把控时间这一点而言，米切尔・恩德的长篇小说《毛

毛》恐怕更有说服力。

图 1　中文版《毛毛》封面

所谓经典，就是每重读一遍都会有新的收获。再读《毛毛》，因为刚刚放下《犟龟》，《毛毛》就给了我一个强烈的信号：米切尔·恩德那么爱乌龟！直接将“龟”字放进标题里，已经足以说明龟在《犟龟》这篇童话中的分量，而在《毛毛》里，帮助故事的主角、一个叫毛毛的小女孩走出困境的，还是一只乌龟，一只能将心里话写在脊背上的神龟。

那么，这个名叫毛毛的女孩，在米切尔·恩德的笔下究竟遇到了什么样的麻烦？

我们有很多形容时间的状语：昨天、今天、明天，一个月前，数年前，很久以前，当下，很多年以后，将来……无论是很久以前，还是未来的未来，都是一天天聚沙成塔的，而这每一天，我们都默认是 24 小时，不能少一分钟，也不会多一分钟。所有关于时间拥有者可以延长生命或者被迫缩短时间的描述，都是基于一种概念的夸张，比如，“时间是海绵里的水，挤一挤总是有的”，多用于形容一个人的勤奋程度。

但是，这个叫米切尔·恩德的德国作家，某一天突发奇想。在这种想象力的加持下，他觉得既然时间是一种财富，既然世界上有偷窃财富的行为，那么，窃贼为什么不能偷时间呢？于是，他虚构出一群专门出没人间偷窃大家时间的灰先生。

我们先来概述一下《毛毛》的故事情节。

在一座古老的大城市里，曾经的教堂和宫殿在时间的长河里慢慢倾颓消失，只有一座露天剧场破败地残留在城市里。住在城里的大人小孩已经忘记了他们的城市里还有过一座露天剧场，直到有一天，他们发现有一个女孩住进了露天剧场的废墟里。

女孩说，她的名字叫毛毛。

“她的头发乱蓬蓬的，是沥青般的黑色卷发，乍一看，好像她从未梳过头，头发也从来没有剪过似的。她的眼睛很大，很美丽，也是乌黑乌黑的；脚也是黑的，因为她几乎总是赤着脚，只有到冬天才偶尔穿上鞋，那两只鞋也不是一双，对她来说也显得太大了。此外，除了她捡来的破烂和人家送给她的东西之外，毛毛就一无所有了。”

居住在城里的大人小孩都非常善良，蓦然发现几乎被他们忘记的露天剧场里住进了一个小女孩，便纷纷围拢过去，想要知道毛毛的爸爸妈妈在哪里，想要知道毛毛多大了，想要帮助看上去无家可归的毛毛。

“大概一百岁吧。”毛毛犹豫不决地回答。

人间怎么可能有一百岁的小女孩？所以，有人追问：“哎，说真的，你到底几岁了？”

“一百零二岁。”毛毛有些不安地说。

看出来了吧？米切尔·恩德为我们塑造了一个非同一般的女孩。这个女孩，恩德并不需要我们知道她从哪里来。恩德用动人的故事告诉我们，自从毛毛住进被城市废弃的露天剧场以后，为一张画吵得面红耳赤的尼诺和尼科拉能够心平气和地对话了；那些整天无所事事的孩子们，因为毛毛的出现，变得聪明起来，只要毛毛在，他们的游戏会变得很有意思，他们讲的故事会变得跌宕起伏；清道夫贝波的脑子原本不太正常，因为毛毛，他变得善解人意了；业余导游吉吉，他的导游词原本显得那么乏味所以没有客人愿意购买他的导游服务，毛毛一出现，吉吉变成了最受人欢迎的导游，给从四面八方来到这座城市观光的人们讲述露天剧场的前世今生。

市民们当然非常感谢毛毛。他们邀请毛毛住到城里像样的房子里，但毛毛拒绝了，她就喜欢住在破败的露天剧场里。无奈之下，城里人纷纷给毛毛送吃的送穿的送盖的送许许多多生活必需品。

有着一座废弃的露天剧场的城市，因为毛毛的从天而降，变得柔和亲切起来，变成了宜居的地方。

假如米切尔·恩德写的故事到此为止，《毛毛》也许还不能成为一部享有世界声誉的作品。而让这部作品与众不同的，是书名中还有一个副标题：

时间窃贼和一个小女孩的不可思议的故事。

仔细分析这个副标题，我们就会知道，上述的故事梗概里，还没有让重要角色出场。谁呢？当然是时间窃贼。

我们之前探讨过，我们使用任何一种时间状语时，都默认每一个人的每一天都有 24 小时，不可能变多或者变少。米切尔·恩德的想象力，就石破天惊在这个地方，他假设个人的时间可以像他最珍惜的金银财宝一样，会被窃贼惦记上，于是，这个故事就有了光。米切尔·恩德的这本小说问世已经四十多年，依然吸引着全世界喜欢稀奇古怪故事的读者。

注意力集中到《毛毛》这本书里后，我们发现时间窃贼不是一个人，而是一个团队，所有的时间窃贼都有一个共同的名字，灰先生。分辨他们的唯一途径，就是他们的编号。他们来到毛毛和她的伙伴们居住的有着露天剧场的城市的目的，就是通过偷窃每一个城里人的时间让已经安居乐业的城里人变得不得安宁。

首先受到时间窃贼“眷顾”的，是理发师弗西先生。灰先生没有找上弗西先生的时候，弗西先生每天的 24 小时是用来替顾客剃发、喂鸟、照顾妈妈。我们来看看弗西先生的时间表：

睡眠	441, 504, 000 秒
工作	441, 504, 000 秒
吃饭	110, 376, 000 秒
陪母亲	55, 188, 000 秒
养鸟	13, 797, 000 秒
购物	55, 188, 000 秒
娱乐	165, 564, 000 秒
秘密	27, 594, 000 秒
静思	13, 797, 000 秒
总计	1, 324, 512, 000 秒

特意来拜访弗西先生的编号为 XYQ/384/b 的灰先生替弗西先生算了一笔账：假如弗西先生对自己生命长度的期望值是 80 岁的话，用他现在打发时间的方式，他将浪费多少时间。

假如，弗西先生把为每一位顾客理发用掉的时间节省一半，不要去养那只没有什么大用的鸟，将妈妈送去养老院，弗西先生就可以省下很多时间。假如，弗西先生愿意把省下的时间存入灰先生他们的时间银行，将来，只要弗西想用时间了，灰先生他们的时间银行将加倍还给弗西先生先前存放在他们那里的时间。

一笔美妙的交易，对吗？没有人会对灰先生开出的条件表示疑惑，弗西先生是城里第一个跟灰先生的公司签下合同的人，打那以后，弗西先生只花原来的一半时间为顾客理发，还放走了小鸟，并把妈妈送进了养老院。

紧接着，毛毛发现，那些喜欢来找她玩耍的孩子们，一个个都不见踪影了。毛毛走出露天剧场到城里去找那些玩伴，要么不见人影，要么匆匆忙忙地告诉毛毛，他们的爸爸妈妈都忙得没有时间照顾他们，只能把他们送到一种机构，那里有专门的人员照顾他们。

我们看到了吗？这座城市的大多数人已经被灰先生的计划打动，生活节奏都快了起来。原来，他们还有时间聚集在毛毛身边，嘘寒问暖，从中享受到人与人之间互相关怀的快乐。可现在，他们连自己的孩子都没有时间照顾了。

只有两个人，没有听命于灰先生，而是继续从跟毛毛交往中获得生活的乐趣。他们是清道夫贝波和业余导游吉吉。灰先生的公司觉得，要彻底拿下这座城市，必须拿下毛毛。时间窃贼与一个小女孩的不可思议的故事，正式上演。

被灰先生追得手足无措的毛毛，得到了一只乌龟的帮助。这只名叫卡西欧佩亚的乌龟，打算帮助毛毛，它要带她去时间主宰者侯拉那里，但是，又不能走漏风声让灰先生找到侯拉先生。假如灰先生与侯拉先生面对面，时间窃贼们就没有必要一个一个地说服大家把时间存放在他们的公司里，再伺机将别人存放在他们那里的时间占为己有。他们只要让掌管时间的侯拉先生改变人们拥有时间的数量就可以了。

既然找到侯拉师傅就能帮助大家摆脱灰先生，毛毛决定冒着生命危险去见时光老人侯拉师傅。在时间王国里与侯拉师傅交谈后，毛毛发现了这世界的大秘密，即“时间就是生命”。知道这个秘密后，回到现实世界的毛毛更加勇敢地去面对那些灰先生。

势单力薄的女孩子和一只神奇的乌龟与时间窃贼之间的故事到底有多不可思议？乌龟卡西欧佩亚又是怎么帮助毛毛的？读一读《毛毛》吧。阅读《毛毛》，一定是一次愉快的阅读过程，因为，米切尔·恩德借助“时间”这个概念，将一个可能有些老套的故事，写得有声有色。《毛毛》带给我们阅读愉悦的同时，也替我们开了一个大脑洞，就是我们拥有的一天 24 小时这一看似恒定的概念，也是可以用我们的想象对其动动手脚的。

既然我们的想象能够改变时间，那么，它还会有边界吗？

《毛毛》创作于 1970 年至 1984 年作者居住在意大利的那段时间里，所以，我们就不难理解，为什么米切尔·恩德要让毛毛居住在露天剧场。创作《毛毛》的时候，米切尔·恩德先生就深深忧虑过一个问题，亦即人类有一天会不会为了所谓的效率而牺牲生活乐趣？想不到，今天为了所谓的效率而牺牲生活乐趣的问题已经变成了这个社会司空见惯的现象。我们为这个问题不可逆转而感到无可奈何的同时，也深深感佩作家米切尔·恩德的远见。

《爱丽丝梦游仙境》，任性地跨越空间的想象

一个教数学的英国人刘易斯·卡罗尔讲的一个故事，用时间来度量，一言难尽，因为，如此繁花似锦的故事，其跨越的时间长度只是一个名叫爱丽丝的小女孩一个梦的时间。

图 2　中文版《爱丽丝梦游仙境》封面

一个小女孩做一个梦的时间，怎么能发生那么多匪夷所思的事情？为了让故事在逻辑上能够站住脚——这对数学家来说，真不是事儿！刘易斯·卡罗尔任性地跨越起空间来：

“她就无精打采地在心里盘算（她也不过强撑着，因为天热，她感觉昏昏欲睡），做个雏菊花环好玩吗？为着这个玩意儿值不值得爬起来去找花的麻烦呢？她正在纠结的时候，忽然一只红眼睛的白兔从她身旁跑过。”

这一小段引文，阅读的节点在哪里？

1. 她感觉昏昏欲睡；

2. 一只红眼睛的白兔从她身旁跑过。

第一点告诉读者接下来的爱丽丝可能已经在梦境里了。第二点用一个旁证告诉我们，爱丽丝已经在梦里。

刘易斯·卡罗尔为了加持爱丽丝已在梦境这一意象，特意又在下文加上这一段：

“不料那兔子竟然从它的马甲口袋里掏出一只怀表，看了一眼时间，然后赶忙往前走。爱丽丝立刻就站了起来，因为她突然意识到自己从没见过兔子穿马甲，更不要说从马甲口袋里掏出怀表来了。她忍不住好奇，就紧追着那兔子而去，飞快地跑过一片田地，刚刚赶得上看见它嘭的一声跳进篱笆底下的一个兔子洞里。”

这一段的异象在于：兔子能从马甲口袋里掏出一只怀表，所以，好奇的爱丽丝会紧追兔子而去，结果，就“嘭”地随兔子掉进了兔子洞。

兔子洞里藏着什么？不经意间，刘易斯·卡罗尔已经将故事的场景从爱丽丝昏昏欲睡的地面腾挪到了我们一无所知的兔子洞，一个精彩得令读者目不暇接的大幻想故事，也就此拉开了大幕。

西班牙有一位伟大的画家叫达利。这位伟大的画家，形象怪异，画作就更加怪异了——当然，我们在用只习惯凡常的眼睛来衡量达利的作品时，才会有这样的想法。

图 3 达利《爱丽丝梦游仙境》插图 1

达利为西方小说这种文学样式的祖师爷塞万提斯创作的《堂吉诃德》画过插图。而他为《爱丽丝梦游仙境》画的插图，我最近才看到，那真是惊艳呀！

我不知道达利为《爱丽丝梦游仙境》总共画了多少幅插图。就我现在找到的 10 幅插图来看，这些插图已经能贯通刘易斯·卡罗尔这本书的情节。

第一幅，坐着的撑着一根棍子的黑衣女孩，是爱丽丝的姐姐；那个跳绳的咖啡色女孩，就是爱丽丝了，一只燕子正在夏日午后澄澈的天空中飞翔。不一会儿，那个咖啡色女孩将伏在姐姐的膝头百无聊赖得昏昏欲睡。

图 4 达利《爱丽丝梦游仙境》插图 2

第二幅，我们先找到跳绳子的女孩，在达利的画幅里，爱丽丝都将以跳绳女孩的形象出现。细心的画家还画了大太阳下爱丽丝的投影。炎热的夏日午后，一只兔子从爱丽丝眼前匆匆而过……

第三幅，变小了的爱丽丝被自己的眼泪淹了。可是，当能哭出这么多眼泪时，爱丽丝还有九英尺高呢！一个梦的时间能讲一个什么样的故事？刘易斯·卡罗尔索性不理睬时间。他采用了穿越空间的手法，亦即让爱丽丝跟着匆匆忙忙赶路的兔子，一不小心掉进了兔子洞。摆脱了时间羁绊的刘易斯·卡罗尔，让爱丽丝参与了 10 个故事，这一幅画，是第一个故事。一会儿大一会儿小的爱丽丝，究竟为了什么要哭出那么多眼泪，一打开《爱丽丝梦游仙境》就知道了。只是，再读“眼

图 5 达利《爱丽丝梦游仙境》插图 3

泪池”这一章节时，我们一定要注意这几句描写：

爱丽丝就落进了咸水里……这并不是海，而是她九英尺高时哭出来的眼泪……

咸水里还淹着老鼠。当爱丽丝讲了一句法国谚语“我的猫在哪里”时，老鼠在水里猛地跳了老高……

图6　达利《爱丽丝梦游仙境》插图4

为什么？我们欣赏过达利先生的插图后再来讲。

第四幅，我们看到了什么？一只很长很长的胳膊，从窗口伸出来能碰到地上的蝴蝶。还有一条毛毛虫和另一只蝴蝶。我想，这一幅画，是画给“兔子送进来一个小比尔”这个故事的。在这个故事里，很小的爱丽丝已经不喜欢自己那么小的样子，想要变大，就喝了瓶子上写着“喝我”字样的饮料。一喝，爱丽丝果然变大了，变的速度超过了她的想象……故事非常精彩，提醒大家在阅读这一则故事时要关注：

“在家里可舒服多了，不会一会儿变大，一会儿变小，而且不会被老鼠和兔子使唤来使唤去。我真希望永远不曾钻进那只兔子洞。”

图7　达利《爱丽丝梦游仙境》插图5

第五幅，让爱丽丝想家的兔子洞里有多热闹啊，我们看见了有蜥蜴、渡渡鸟、老鼠、燕子……当然还有一只兔子。

我们来看看第六幅，那真是完美地图说了小说的第五章“毛毛虫的建议”。看见那只大蘑菇吗？一只有玄机的大蘑菇。一边能让爱丽丝变矮，一边会让爱丽丝长高，很有趣的故事，不是吗？不知道大家在阅读《爱丽丝梦游仙境》第五章的时候有没有关注一下这段对话：

图8　达利《爱丽丝梦游仙境》插图6

爱丽丝说："等到你不得不变成一个蛹的时候——你知道，总会有那么一天——然后又变成一只蝴蝶的时候，我想你准会觉得有点奇怪吧，是不是？"

"压根儿不会。"毛毛虫说。

"我当然吃过蛋啊，"爱丽丝是个很实诚的孩子，"要知道，蛇吃蛋，可小女孩也是吃蛋的呀。"

"我不信，"那鸽子道，"既然她们吃蛋，她们也就是一种蛇罢了。没啥别的可说的。"

在这里，刘易斯·卡罗尔用两个生活中常见的场景，告诉小读者"常识"的内涵。对蝴蝶来说，总有一天会成熟到产卵，卵变成蛹，再破茧而出成为又一只蝴蝶，是蝴蝶们的常识。蝴蝶们司空见惯，但对爱丽丝来说，她不懂蝴蝶的世界，所以才会有疑问："然后又变成一只蝴蝶的时候，我想你准会觉得有点奇怪吧。"而喜欢吃蛋的不一定都是蛇，那是爱丽丝的常识，但不是毛毛虫的，所以，毛毛虫才会武断道："既然她们（因为爱丽丝说她也吃蛋）吃蛋，她们也是一种蛇罢了。没啥别的可说的。"读到毛毛虫说的这句话时，我们会心一笑后会不会意识到刘易斯·卡罗尔这么想象有什么深意？比如说，他想告诉《爱丽丝梦游仙境》的读者，人与人之间的沟通多么重要。

第六幅，也是兔子洞里的热闹场景，我们且掠过，看第七幅，不用说，那是对应第七章"疯子茶话会"的。"好有趣的表啊，它能显示日期，却不显示时间"。

达利喜欢把钟表画成这种模样——像一只瘫软的大饼，所以，这一幅辨识度非常高，我们看见，钟表的表面上不同于正确的钟表，这就是茶话会为

图 9　达利《爱丽丝梦游仙境》插图 7

什么会疯狂的原因：这是一只会惹是生非的钟。一只会惹是生非的钟怎么就让茶话会变得疯狂了？哦，刘易斯·卡罗尔在书里都说了。

第八幅，对应的是“王后的槌球场”，这个故事塑造了一个骄横的王后角色，“把他的头砍了”，是长着一张扑克牌脸的王后最喜欢说的一句话。刘易斯·卡罗尔用这个故事讽刺了什么？不言而喻。

第九幅，画的是《爱丽丝梦游仙境》的第九章《假乌龟的故事》。我们在阅读这一章时，总有一种感觉，就是刘易斯·卡罗尔为什么要让公爵夫人说一些前言不搭后语的话？因为，他就是要告诉书里书外的爱丽丝，世上有一种不懂装懂的人。像公爵夫人，明明不知道芥末是什么，却非要跟爱丽丝强调“火烈鸟和芥末都会咬人的。其中的寓意是，羽毛相同的鸟聚在一起”，是的，她把芥末当成一种鸟了。更有意思的是，当爱丽丝表示自己知道芥末不是鸟，但不确定是什么时，便问：我想芥末是矿物质吧？没有想到的是，脑子里一片空白的公爵夫人马上见风使舵：当然是啦，这附近有个大芥末矿。

图 10　达利《爱丽丝梦游仙境》插图 8

辛辣的刘易斯·卡罗尔将公爵夫人这类人，讽刺得够呛。

至于这个章节为什么要起名“假乌龟的故事”？将不懂装懂的公爵夫人讽刺个够之后，刘易斯·卡罗尔还嫌不尽兴，又虚构出一个比公爵夫人更能不懂装懂的乌龟。读着刘易斯·卡罗尔的异想天开，我们真是忍俊不禁呀——看，那个张口就是一派胡言的乌龟，作者认定，它就是一只假乌龟！

第十幅，对应的是第十章《龙虾四组舞》这一章，假如我们阅读的是中文版，很多妙处很难体会，比如：

鹰头狮说："你知道它们为什么叫鳕鱼？"

"这我倒没想过，"爱丽丝说，"为什么？"

"它是用来擦靴子和鞋子的。"鹰头狮严肃地说。

爱丽丝完全被弄糊涂了。

我们也被弄糊涂了，为什么鳕鱼是用来擦靴子和鞋子的？原来，英文鳕鱼 whiting，还有另外一层意思：使东西变白。

图 11　达利《爱丽丝梦游仙境》插图 9

《爱丽丝梦游仙境》中，这样的双关语、双关词出现得很多。刘易斯·卡罗尔是为一个小女孩创作《爱丽丝梦游仙境》的，所以，他写得不难，问题是他是用英语写作的，从英语到汉语，中间的信息缺失不可避免，比如，英语中的双关语。所以，尝试读一读原版吧，我们会发现，英语版的《爱丽丝梦游仙境》更迷人。

图 12　达利《爱丽丝梦游仙境》插图 10

第十一幅：《谁偷走了馅饼》。谁偷走了馅饼？此事闹上了仙境里的法庭，所以我们在阅读这一章时，除了继续享受欢快的故事外，特别要注意作者特意安排在这个章节里的有关法庭、法官、陪审团等等跟庭审相关的基本常识。

图 13　达利《爱丽丝梦游仙境》插图 11

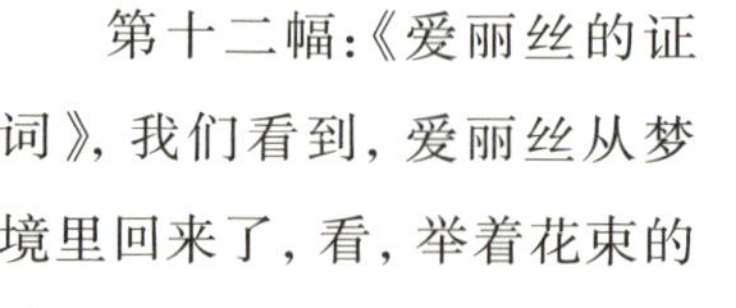

第十二幅：《爱丽丝的证词》，我们看到，爱丽丝从梦境里回来了，看，举着花束的是爱丽丝的姐姐，爱丽丝依然伏在姐姐的膝头，背景上的仙境在慢慢退远，《爱丽丝梦游仙境》到此结束。

刘易斯·卡罗尔用想象为爱丽丝创造了一个奇幻又疯狂的世界。在这个奇幻又疯狂的世界里，似乎只有爱丽丝是唯一清醒的人，她不断探险，同时又不断追问“我是谁”，在探险的路途中不断认识自我，不断地成长，等到成长为一个比掉进兔子洞前“大”了许多的姑娘时，爱丽丝猛然惊醒，才发现原来自己刚刚只是经历了一个梦境。

刘易斯·卡罗尔，原名查尔斯·勒特维奇·道奇森，在牛津大学修完数学专业后就留在那里做数学老师。今天，牛津大学一条小巷深处的一间房屋门口还挂着一块铭牌：刘易斯·卡罗尔生活的地方。

图 14　达利《爱丽丝梦游仙境》插图 12

做数学老师一辈子，兴之所至写了两本童话，他一定没有想到，居然是两本童话而不是数学让他的名字永驻人间。一辈子以教授数学为正业、玩票地写写童话的刘易斯·卡罗尔地下有知，不知道会作何感想。

假如他喜欢童话给他带来的名声，一定会感谢朋友家那个名叫爱丽丝的小女孩。查尔斯·勒特维奇·道奇森一生未婚，却十分喜欢小孩。有一次，道奇森先生遇到百无聊赖的爱丽丝，就想出了随口编一个童话故事的办法，来逗爱丽丝玩。那个信口编成的故事，大概道奇森先生自己也觉得满意吧，回家后便专门找了一个本子将故事记录下来，再配上插图，送给了爱丽丝。

这本“一个人出版社”出版的童话，恰好被朋友看到了，在他的怂恿下，道奇森先生将书送到了出版社。他大概觉得自己堂堂一个数学教授居然写起了童话，终究是不务正业，便给这本书的作者起了个笔名：刘易斯·卡罗尔。

但是，童话作家刘易斯·卡罗尔就是数学家查尔斯·勒特维奇·道奇森，这是不争的事实。虽然，在邻家女孩爱丽丝面前，数学家暂时转型为童话作家，可数学教授的习惯会情不自禁地流露出来。数学教授觉得，像爱丽丝这么大的小女孩，应该了解一些生活常识和知识，他就将这些常识和知识嵌进了故事里，比如：老鼠怕猫、毛毛虫不是蚕不会变成蛹然后破茧而出、蛇喜欢吃蛋、柴郡猫为什么让人觉得总是在笑，等等。

《爱丽丝梦游仙境》中，知识含量为金色的，当数刘易斯·卡罗尔费尽心机地渗透在童话里的许多或读音相近、或拼写略有差异的英文单词，对一个刚开始识字的女孩来说，这太有用了，还有，就是那些双关语的巧妙运用。

比这个纯度更高的知识点则是，刘易斯·卡罗尔在故事中镶嵌进了不少逻辑知识。第七章《疯子茶话会》里，有这样一段对话：

爱丽丝：凡是我说的就是我想的——这是一回事。

制帽匠反驳："凡是我吃的东西我都能看见"和"我看见的东西我都吃"也算一样的了？

三月兔横插一杠："凡是我的东西我都喜欢"和"凡是我喜欢的东西都是我的"，也是一样的了？

睡鼠也来落井下石："我睡觉时总要呼吸"和"我呼吸时总在睡觉"也一样的吗？

刘易斯·卡罗尔让制帽匠、三月兔和睡鼠分别用三个推论向爱丽丝演示了什么叫三段论。而三段论，是最基础的逻辑知识。通过制帽匠、三月兔和睡鼠的三次显而易见的错误推论，不仅证明了爱丽丝所谓"凡是我说的就是我想的"这句话存在着逻辑错误，也告诉了《爱丽丝梦游仙境》的读者，逻辑有多重要。

《彼得·潘》，错位的时间轴

《彼得·潘》是苏格兰著名的剧作家、小说家、散文家詹姆斯·巴里众多作品中的一部。詹姆斯·巴里生前，以剧作家闻名于世，那时，他把主要精力都放在了剧本创作上，一生创作了 40 多部剧本，其中有好几部在伦敦和纽约的剧场里演出场次高达数百场，当时的英语国家里，提起剧作家詹姆斯·巴里，路人皆知。他还曾与虚构出了福尔摩斯的柯南·道尔合写过喜剧。由于詹姆斯·巴里在剧作方面的建树，他被爱丁堡大学、牛津大学和剑桥大学授予了文学博士学位，曾获荣誉勋章，并被英王赐予男爵的贵族称号。春风得意的时候，詹姆斯·巴里一定不会想到，那些呕心沥血创作出来的剧作，会比不过与他同时代的挪威剧作家易卜生和爱尔兰剧作家萧伯纳的作品。詹姆斯·巴里的剧作不像那两位剧作家的剧作那般有着强劲的生命力，在他死后的数十年里，詹姆斯·巴里的剧作渐渐被演出市场淘汰。不过，我们还是记住了詹姆斯·巴里这个名字，因为这个苏格兰人曾经灵机一动，把他的剧本《彼得·潘》改写成了童话。而恰恰是这天赐的灵感，让詹姆斯·巴里给我们留下了宝贵的精神财富，那个直到今天还被全世界少年儿童津津乐道的彼得·潘。

图 16 中文版《彼得·潘》封面

那么，詹姆斯·巴里究竟是怎么会想到将剧本《彼得·潘》改写成童话《彼得·潘》的呢?

1904年，詹姆斯·巴里创作的剧本《彼得·潘》完成，次年此剧在纽约尼克博克剧场首演，受到观众的热捧，很快就打破了该剧场的卖座纪录。剧本《彼得·潘》大获成功，不过，这巨大的成功并没有冲昏詹姆斯·巴里的头脑，他没有懈怠，只要《彼得·潘》再次登上舞台，公演前他都要精心修改一遍剧本。舞台剧《彼得·潘》有多少个演出版本，詹姆斯·巴里就修改过多少遍。这种修改从1904年持续到了1928年，这一年，剧本《彼得·潘》正式出版。

舞台剧《彼得·潘》被追捧了24年，剧本《彼得·潘》也被詹姆斯·巴里修改了24年。那些年里，詹姆斯·巴里眼看着孩子们如此喜欢舞台上的彼得·潘，一个念头像闪电一样划过他的脑际：将剧本改写成儿童故事！1911年，儿童小说《肯辛顿公园的彼得·潘》出版，到剧场看过《彼得·潘》的人们觉得不过瘾，又成了《肯辛顿公园的彼得·潘》的读者，读完小说，他们发现，詹姆斯·巴里为小说加了最后一章“温蒂长大以后”——读者纷纷说，那加上去的一章，真是神来之笔。

读者为什么要如此称誉小说《肯辛顿公园的彼得·潘》的最后一章？此话要从头说起，看看《彼得·潘》讲述了一个什么样的故事。

虚无岛（又译成永无岛）是个奇异而热闹的地方，住着一个印第安人部落，一帮海盗，各种野兽，人鱼，小仙人，还有一群被大人不小心弄丢的孩子，他们的队长就是彼得。被大人弄丢的孩子不用上学读那些劳什子的书，也不用学着循规蹈矩，只要在虚无岛上玩得尽兴就可以了。总是在虚无岛上肆意玩耍，彼得他们时不时会碰上极富冒险性的开心事。虚无岛上的人们自由自在，无忧无虑。哦，不，他们有一个小烦恼，就是他们都是男孩，不会料理自己的生活，他们需要一位母亲来照顾他们。但彼得看不上人世间所有的母亲，他想找一位小姑娘做虚无岛上的母亲。在一个繁星满天的夏夜，他飞到伦敦，趁达林先生太太出门赴宴而狗保姆娜娜又因为调皮捣蛋被达林先生锁住的时机，飞进育儿室，软磨硬泡地让小女孩温蒂带着她的两个弟弟跟着他飞到了虚无岛。温蒂做了孩子们的小母亲。从此，三个来自伦敦的孩子过上了只有在童话和睡梦里才能见到的奇妙生活。他们住在地下的家里，出入经过树洞；在礁湖里玩人鱼的水泡球戏，和印第安人玩战争游戏……彼得和温蒂身处危险时，被知恩图报的虚无鸟救出；孩子们被掠上了海盗船后，为救他们，彼得和阴险残暴的海盗头子胡克决一死战，设计骗他掉进了鳄鱼的血盆大口。显而易见，虚无岛上的日子要比温蒂伦敦的家里快活多了，但温蒂还是想家啦，所谓“梁园虽好不及家园”嘛，她央求彼得把她和她带出来的两个弟弟送回伦敦的家里。

接下来的情节，就是詹姆斯·巴里为 1911 年出版的小说添加的一个章节，章节名字叫《温蒂长大以后》：多年后，温蒂长大了，做了母亲，彼得又来把温蒂的小女儿带去虚无岛。于是，一代复一代，小母亲不断更换，彼得却始终是个满口乳牙的长不大的小男孩。

你发现了吗？这里出现了错位的时间轴：时光一样在流逝，温蒂他们在长大，可彼得却停留在满口乳牙的小男孩状态中。错位的时间轴，指的是詹姆斯·巴里异想天开地营造出了一种别致的创作手法。错位的时间轴，也为世界文学留下了一个永不枯竭的母题：人人都希望自己的心中住着一个彼得·潘。

《彼得·潘》的创意，也影响到了许多作家。数十年以后，德国作家君特·格拉斯创作了一部长篇小说《铁皮鼓》。在这部揭露法西斯暴行的小说里，也出现了一个不会长大的孩子。3 岁男孩奥斯卡目睹了成人世界的丑恶后，拒绝长大……

虽然都出现了一个长不大的男孩，但是,《铁皮鼓》的题材要比《彼得·潘》沉重许多，这就让我们犹豫起来：要不要鼓励我们的孩子们阅读君特·格拉斯的《铁皮鼓》呢?

阅读就是这样的，不是在平地上散步，而是一个不断攀登的过程。正因为是一个不断攀登的过程，我们的阅读能力会随着阅读阶梯的升高而不断增强，我们通过阅读认知的世界也就越来越广阔，越来越生动，也越来越有深意。“腹有诗书气自华”告诉我们，阅读让我们变得有气质。“读书破万卷，下笔如有神”，讲的则是阅读与写作的辩证关系。

开始写作

我们已经告诉大家，那些为《爱丽丝梦游仙境》而画的插图，是西班牙著名画家达利在读过刘易斯·卡罗尔的童话后，特别喜欢而兴冲冲地创作的。那么，我们可不可以逆向而行，假设没有《爱丽丝梦游仙境》这个童话故事，达利的这些画就是他依照自己的灵感一挥而就的——事实上，达利的许多作品都是他自己灵感爆棚的产物!

练习题一：摆脱掉《爱丽丝梦游仙境》，选择达利作品中的任意一幅，写一篇看图说话。要求是让自己的想象跨越时间或空间。

练习题二：彼得·潘再为虚无岛的男孩们找到的小母亲，一定会带上我们这个时代的特征，比如，会将詹姆斯·巴里生活的年代不可能有的电子产品或者网络语言。我们来给《彼得·潘》加一个章节吧，“温蒂家的孙女长大以后……”注意，要写出如今这个时代的特征。

赶快去读

1. 纳川译：《一千零一夜》，人民文学出版社，2003 年。

推荐理由：传说阿拉伯古代有一个国王，每天要娶一个女子，到第二天天一亮，就把刚娶回来过了一夜的妻子杀掉。有一个姑娘想要阻止国王的残忍做法，就自愿进宫做了王后。夜幕降临，在征得国王的同意后，她开始讲故事。她讲的故事总在国王要杀人的时候就到了紧要关头，没有听到结局的国王心里直痒痒，只好命令部下：过一天再杀她吧。可王后讲的故事总在国王要杀她的时候令他欲罢不能，国王只好一遍遍说“过一天再杀吧”，这一过，就是一千零一夜……除了被情节吸引以外，我们读《一千零一夜》的时候，一定要注意这些民间故事是怎么把握节奏的，也就是说作者是如何在规定的篇幅里将自己的想象发挥到极致的。

2.〔挪威〕罗尔德·达尔著，〔英〕昆廷·布莱克绘，任溶溶译：《女巫》，明天出版社，2009 年。

推荐理由：被冠之“女巫”这个名字的书不止一本，我们推荐的是挪威人罗尔德·达尔写的童话故事《女巫》。尤其当孩子们都被 J.K. 罗琳的《哈里·波特》所吸引，我们研究罗琳何以能吸引小读者时，不妨再读一读罗尔德·达尔的“旧”书《女巫》。或许，罗琳不止一遍读过《女巫》。与罗琳笔下生活在魔法世界的女巫不同，达尔笔下的女巫隐藏在现实的人群之中，她们穿平平常常的衣服，就像平平常常的女人，住平平常常的房屋，做平平常常的工作，但她们会把人变成老鼠！“我”就是无意间听到了女巫要把全世界的小孩都变成老鼠的秘密后，被女巫变成老鼠的……接下来的故事，吓人又有趣，罗尔德·达尔用自己的想象，给出了一个全新的女巫故事。注意，“我”变成了老鼠后的行为举止，太有意思了。

3.〔德〕君特·格拉斯著，胡其鼎译：《铁皮鼓》，上海译文出版社，2011 年。

推荐理由：虽然君特·格拉斯的这本小说阅读难度有点大，但是，就像我们说过的那样，阅读是一个爬坡的活动，需要我们使一点劲儿。阅读一本书，也未必需要我们第一次阅读时就把它读懂读透，那些疑问就让它留在记忆中，随着我们渐渐长大，随着我们阅历越来越丰富，那些过去的疑点都会有豁然开朗的一天——三岁的奥斯卡目睹纳粹势力的猖獗后，便决定不再长个儿，宁愿做一个侏儒。从此，在他的视角里，社会和周围的人都是怪异和疯狂的。他整天敲打一只铁皮鼓，以发泄对畸形的社会和人世间的愤慨……

第七章

想象，能穿越生死

《毛毛——时间窃贼和一个小女孩的故事》证明，想象能摆脱时间的束缚。《爱丽丝梦游仙境》证明，想象能洞穿空间的禁锢。《彼得潘》证明，想象还可以让时间轴错位……想象是不是就被用到了极限？并不如此。

在《昆虫是草木的好朋友》中，我们提到过蒲松龄的《聊斋志异》，提到了《聊斋志异》中的一个故事《促织》。

成名的儿子无意中将父亲用来应付朝廷的蟋蟀弄死了，本已经非常惊恐，又被恐惧至极的妈妈厉声指责。倍受惊吓之下，又深感自己根本无力帮助父母躲避因失去蟋蟀可能带来的灭门之灾，他选择了投井自尽——故事至此结束，《聊斋志异》恐怕就不会有今天我们知道的文学地位了。从留存至今的蒲松龄的画像看，这是一个看上去有些古板的生活在清朝的文人。可是，人不可貌相，蒲松龄的想象力非常了得！他让深感愧疚小男孩还惦着要替父母分忧，他让死了的男孩变成了一只勇敢善斗的蟋蟀，赢了角斗，救了父母救了家……

其实，在真实、理智的世界里，人死不能复生，也不可能变成蟋蟀。是什么让成名的儿子变成了一只蟋蟀？是蒲松龄的想象！

可见，想象至少还有一种能力，穿越生死。

墓葬壁画珍品，死亡也就是到别处过与在此地一样的日子

2017年11月到2018年3月，上海博物馆曾经举办过一个临时展览，“山西博物院藏古代壁画艺术展”。该展览遴选了北朝和宋金元这两个时期的12组共89件墓葬壁画珍品，经由策展人的精心设计，很好地还原了这些墓道壁画的原生态样貌。尤其在布展朔城区窑子头乡水泉梁村出土的墓道壁画时，展出方于展厅里模拟出了墓葬的封土、墓道、甬道和墓室，让我们在参观时恍若已在考古发掘的现场。正是这逼真的还原，让我们看到，由北壁的夫妇宴饮图、东壁的鞍马仪仗图、西壁的牛车出行图以及南壁门洞两侧的

鼓吹图构成的镇守朔州的军政长官的墓道壁画，充满了生趣。也就是说，至少在北朝、宋金元两个时期，我们祖先的生死观还是非常达观的，像这位朔州的军政长官，不就认为死亡也就是到别处过与在此地一样的日子吗？而在洛阳古墓博物馆陈列的古墓壁画中，有一幅壁画上就要跨过生死界线的女子，居然还对着画外人回眸一笑。

“山西博物院藏古代壁画艺术展”在上海博物馆展出，成了2017年11月到2018年3月上海的一件文化大事。上海博物馆的南门前常常盘旋着一条排队长龙，这已是常态。不过，在那段时间里，“长龙”变得更长了，可见，“山西博物院藏古代壁画艺术展”吸引了大批观展者，在那样的观展氛围里想要靠近那一幅表现一个女子正要跨越生死界限的壁画，难度很大。

因为对那天的参观者热情估计不足，等到我可以进入临时展厅观赏这一临时展览时，已接近闭馆时间，眼看近距离地与笑着跨越生死界限的女子面对面的机会，就要与我擦肩而过——保安说，为这幅壁画专设的小展厅关闭得早一些。我怎么肯甘心？就驻足不前，远远地盯视着那幅壁画。我想近观壁画迫切的心情打动了保安，他左右看了几眼后，抬手让我进去，“快一点”，他说。于是，我幸运地得以跟壁画上的女子有了数分钟的默对。

创造这幅壁画的，没有给后世留下他的名字。上海博物馆临时展厅里所有这些壁画珍品的创作者，都没有留下名字，他们有一个笼统的名字，工匠。经由岁月的“涂抹”，壁画的线条和着色都多少有些暗淡甚至坏损，但彼时工匠的线条能力以及着色能力，堪比今世的一些所谓的艺术家，瞧，女子的笑容生动又恬淡，仿佛跨越的不是生死之门，而是从闺房去到了姹紫嫣红的后花园。

当然，是壁画产生的年代人们普遍的生死观，影响了工匠的表达。可是，假如工匠没有超凡的想象力，能将彼时的生死观如此鲜活地再现在墓室壁画上吗？

宫泽贤治，用想象带领我们从地球穿越到星空

2018年的冬天，我特意从仙台转机到日本一个叫花卷的小镇。

大雪纷飞了好几天之后，花卷到处都是白雪皑皑的。出了花卷机场，我们要去花卷的火车站，去找送我们去酒店的出租车。火车站在哪里？绕着迷你机场走大半圈就到了。路不远，但路上都是积雪。拖着行李在雪地上一步一步走到目的地，够受的。可是，一出机场我们都笑了，人行道上居然没有积雪！原来，围着花卷机场的人行道，有地暖。

从花卷的机场到花卷的火车站，就变得简单了。变得不简单的，是到哪里找到我们的午餐，花卷实在太小了。好不容易，我们在火车站的斜对面找到一家很小很小的面馆，挑起门帘进去一看，只有一个80岁模样的老奶奶在独自经营。三个人三碗面，老奶奶慢悠悠地一碗一碗地煮，让我们等了很长时间。老奶奶过意不去了，我们开吃后她拿出好几瓶调味品示意我们加到面里，“奥以西奥以西”，老奶奶一个瓶子一个瓶子地摇晃着。

对游客来说，小小的花卷唯有温泉可以期待。温泉对我们可没有那么大的吸引力，那么，我们费了那么大的劲去花卷，为了什么？

因为一个人，一个名叫宫泽贤治的童话作家。

其实，走进花卷机场候机楼，我们就已经发现，这里就是宫泽贤治的世界。只是一栋二层小楼的机场候机楼里，便利店虽小但应有尽有，只是，所有物品的包装上都有宫泽贤治的身影，食品的外包装上、扇子上、T恤上……至于小书店里，显眼处摆放的当然都是宫泽贤治的书。最有意思的是，我们买了一本漫画书，客气至极的女售货员非要递一枚书签给我们，那上面印的也是宫泽贤治，那张全世界宫泽贤治迷都已经记在心里的照片。照片上的宫泽贤治，显得粗粗壮壮，哪像个童书作家？倒像个问土地要生活的农民。

说宫泽贤治像个农民，此话倒也不错，那得要从宫泽贤治的生平说起了。

宫泽贤治，出生于1896年8月27日，死于1933年9月21日，只活了37年。他的生命何以这么短暂？我们慢慢道来。

宫泽贤治出生在一个商人家庭，孩提时目睹生活在花卷的农民生活异常困苦，就对他们产生了强烈的同情。宫泽贤治从盛岗高等农村学校（现为岩手大学）毕业后，没有像一般的富家子弟那样养尊处优，而是到农村去任教，并在那里开办农业技术讲习所，创办农民协会，指导农民科学种田——所以，觉得宫泽贤治像个农民，也不错。在农村教了四年书后，宫泽贤治辞去教师公职，也没有回到富足的家庭回到父母身边，而是独居于花卷市郊外，他要让自己像普通农民一样过苦日子。没有父母的支持，宫泽贤治的日子过得有些艰难，周围的人纷纷表示不理解：这哪是富家子弟该过的日子嘛！但那是宫泽贤治自己的选择，所以他乐在其中。

独居在花卷郊外的日子，本来就非常艰苦了，宫泽贤治还一心要为农民服务，把自己弄得非常忙碌。忙完一天后，他还不好好休息，总是在夜深人静的时候仰望花卷的夜空，那是他唯一放纵自己的时刻。

2016年的冬天，我们在花卷的温泉酒店。等到夜幕降临后，我们特意走出房间来到酒店的空中花园仰头遥望天空，花卷的天空还是那么清透，月亮宁静，星空璀璨。是不是这样的星空激发了宫泽贤治的想象力，让他完成了至今都让我们倍感震惊的童话作品《银河铁道之夜》？所有的答案都是猜测，《银河铁道之夜》的作者因为过度劳累和营养不良于37岁那年早逝。

图1 《银河铁道之夜》中文版封面

但是，宫泽贤治用他的文学成就再一次证明，生命的质量并不以长短来丈量。

宫泽贤治的《银河铁道之夜》之后，儿童文学乃至成人文学开始用一种别致的想象去展现我们用肉眼只能看得见星星和月亮的太空。更让宫泽贤治之后的作家受益的是，原来文学作品可以将彼岸世界虚构得如此温馨温暖。

那么，《银河铁道之夜》到底写了一个什么样的故事?

男孩乔班尼的爸爸出海打鱼迟迟不归，使得本来就贫寒的家庭生活更加难以为继。生活窘迫，妈妈又重病在身，还是个学生的乔班尼只好挑起家庭生活的重任，每天放学后去印刷厂打工挣钱贴补家用。

虽说还是一个孩子，但穷人家的孩子早当家，对乔班尼来说，照顾病中的妈妈、去印刷厂做小工，都不是事儿。最让乔班尼难堪的是，爸爸最后一次出海前曾答应过乔班尼，回来时要带一件海獭皮外套给他。一直以爸爸为豪的乔班尼也将爸爸的许诺分享给了同学。现在，爸爸迟迟不归，爸爸的许诺也就成了同学的笑柄，他们常常围在一起讥诮乔班尼：你爸爸给你的海獭皮外套呢？只有柯贝内拉——他唯一的朋友，从不取笑他。日夜操劳的乔班尼实在没有工夫复习功课，课堂上，他回答不了老师的提问。见同学们都在嘲笑乔班尼，柯贝内拉假装自己也回答不了老师的问题，把自己变成了乔班尼的“同类”。柯贝内拉的举动让乔班尼深感安慰，也不觉得孤独了。

那天，从印刷厂下班已经很晚，回家的路上乔班尼仰头望天，天上挂满了星星。回到家里，乔班尼发现给妈妈补身体的牛奶没有送到，妈妈心疼累坏了的乔班尼，说算了，明天再说。乔班尼疼惜妈妈，坚持出门去取牛奶。当晚，正好是银河祭，乔班尼打算去河边找找半人马星座。在河边，他遇到了同班同学，他们又嘲笑了乔班尼。辩解不过大家的乔班尼非常沮丧，就在这时，他看见柯贝内拉冲他微微一笑，似乎在劝说他，不要生气。被柯贝内拉安慰过后，再看天上的星星，乔班尼觉得，特别美丽：

穿过长满松树和橡树的漆黑森林，眼前顿时豁然开朗，天空无边无际。乔班尼仰望星空，白茫茫的银河横贯南北，山顶上的气象环之柱也清晰可见。眼前是盛放的风铃草和野菊花，香气袭人，宛如梦境。一只小鸟啾啾叫着，从山丘上掠过。

原野上传来轰隆隆的火车声。远远望去，火车看上去显得很小。乔班尼想象着车厢里熙熙攘攘的旅客，他们有的在削苹果皮，有的正在说说笑笑，各自做着不一样的事……想到这里，他又感到一阵难以名状的悲伤涌上心头，急忙抬起头，把视线再次投向天空。

可是，无论他怎么看，天空都不像老师白天说的那么空荡荡。相反，他觉得天空越看越像一片小树林，或是一片空旷辽阔的大牧场。在乔班尼眼中，蓝色的天琴座变成了三四颗星星，它们一闪一闪地眨着眼，一会儿伸出一只脚，一会儿又缩回去，最后变成蘑菇的形状。山脚的小镇如同一片朦胧的星河，又像是虚无缥缈的烟雾。

故事简述到这里，要提醒因此有兴趣去读原著的读者要特别宫泽贤治的这几处描写：

1. 远远望去，火车看上去显得很小。

2. 天空都不像老师白天说的那么空荡荡。

3. 他觉得天空越看越像一片小树林，或是一片空旷辽阔的大牧场。

4. 蓝色的天琴座变成了三四颗星星，它们一闪一闪地眨着眼，一会儿伸出一只脚，一会儿又缩回去。

5. 山脚的小镇如同一片朦胧的星河，又像是虚无缥缈的烟雾。

这5句句子，让阅读者有些疑惑：这还是仰望星空的乔班尼看到的天空吗？如能产生这样的疑问，说明阅读者在用心阅读。的确，那已经不是乔班尼遥看的星河了，就在乔班尼再次抬头看向星空时，宫泽贤治用他超凡的想象，帮助乔班尼完成了一次空间穿越。那5句句子，犹如一架天梯，乔班尼已经从地球穿越到了星空，所以，接踵而至的情节里，乔班尼坐的火车，是行驶在星空里的。只是当时乔班尼还有些惘然，你看，他遇见有一点异样的柯贝内拉，还有些疑惑：

柯贝内拉的脸色显得有些苍白，似乎哪里不舒服。乔班尼也仿佛丢了什么东西似的，心中有股莫名的感觉，便也不再说话了。

先不说柯贝内拉的脸色为什么有些苍白。我们先来确定乔班尼和柯贝内拉乘坐的的确是行驶在银河里的火车：柯贝内拉拿出一个圆盘地图，一边旋转一边查看。地图上有一条铁路线，沿着白茫茫的银河左岸向正南方向延伸。那张地图真是无与伦比，夜色一般墨黑的盘面上，一个个车站、三角标、泉水和森林闪烁着蓝色、橙色、绿色的亮光，像五彩斑斓的宝石镶嵌在夜空中。

乔班尼指着地图上标有"天鹅"站名的北边问柯贝内拉，怎么会有一个站叫天鹅？柯贝内拉则斩钉截铁地回到："没错。快看，那边河岸上的光亮，是月光吧？"乔班尼也向河岸望去，只见银河河岸上闪耀着雪一般的晶莹光芒，银色的天之芒草随风摇曳，漾出一层层芒草波浪。"不是月光，发光的是银河本身！"乔班尼欢欣雀跃地说着。

假如乔班尼和柯贝内拉乘坐的火车不是行驶在银河铁道上，他们就没法看到银河河岸。而宫泽贤治关于银河的想象，真是令人惊叹："他的脚后跟轻轻地跺着地板，又把头伸出窗外，吹起《星星圆舞曲》的口哨。他努力把身子探出去，想更清楚地欣赏银河的水。一开始，他觉得岸边一片朦胧模糊，好像什么也看不清；用心凝视一阵之后，就渐渐发现清澈的银河水比玻璃更通透，比氢气更透明。不知道是不是错觉，有时甚至可以看见银河水泛出淡淡的紫色涟漪，像彩虹的美丽光圈，在银河中静谧地流淌。闪烁着磷光的三角标遍布原野之上，远处的看起来很小，近处的却显得巨大。远处的三角标呈现出鲜明的橙色或黄色，而近处的三角标则散发着朦胧的银白色光芒"，美极了。花卷虽小，却能让宫泽贤治看到最澄澈、最通透的天空；只有最澄澈、最通透的天空，才会触发宫泽贤治如此美丽的大幻想。

乔班尼和柯贝内拉乘坐的，的确是银河里的火车，还有一个最有力的证据，就是它们遇见的那位捕鸟人。关于银河的想象，是灿烂的；关于捕鸟人的想象，却是异想天开得叫人折服。想知道宫泽贤治的捕鸟人到底是一个什么样的人？那就打开《银河铁道之夜》读一读吧。

现在，我们要解开一个谜：柯贝内拉脸色为什么苍白。

“柯贝内拉，我们一起去吧？”乔班尼边说边回过头来，可刚刚还在座位上的柯贝内拉却不见了，只剩下黑色的天鹅绒座椅散发着柔和的光。乔班尼从座位上一跃而起，像是不想让其他乘客看见似的，他把身子探出窗外，猛地敲打着自己的胸膛大声喊叫，最后放声大哭起来。刹那之间，眼前的一切都陷入漆黑——乔班尼猛地睁开双眼，这才发现自己躺在山丘的草地上睡着了。难道是因为太累了吗？他的心情难以平静，伸手一抹，发现脸上都是冰凉的泪水。乔班尼像弹簧般跳了起来。山下的小镇仍是一片星星点点的灯火，他忽然觉得这灯光似乎比之前温暖许多。想起梦中的银河列车，乔班尼抬头望着天空，可银河依旧是白茫茫一片。南方地平线的上空仿佛有浓雾遮掩，右面天蝎座的星星散发着炽烈的红色光辉，其他星座的位置也没有发生移动。

原来，乘坐在银河火车里，火车奔驰在银河铁道上，乔班尼趴在火车车窗上看到的美丽风景，以及那位捕鸟人，都是乔班尼梦境。我们会心一笑之后，还是忍不住要问：在梦中乔班尼遇见的柯贝内拉，为什么脸色苍白？

乔班尼在梦中见到柯贝内拉之际，正是柯贝内拉为救同学淹死在河里之时——这才是宫泽贤治留给文学的最了不起的贡献，他让身在此岸的乔班尼与死后已去彼岸的柯贝内拉在另一个空间相遇了。

有的读者也许会不屑：让乔班尼和死去的柯贝内拉在银河号列车上相遇，不见得有多么新鲜嘛。带着这样的想法我们去《银河铁道之夜》诞生前的文学作品中寻找到像乔班尼与柯贝内拉这样的相遇，非常困难。如此看来，宫泽贤治的想象，启发了他之后的很多艺术家，动画电影界最被拥戴的大师宫崎骏最受人欢迎的作品《天空之城》，就是深受宫泽贤治《银河铁道之夜》影响的一部杰作。

所谓奇妙的想象，就是一指头捅破了一层窗户纸，在这样的想象引领下我们再看远方，那里不再朦胧，而是无比清晰又美好。

《寻梦环游记》，赋予死亡以美好

图 2 《寻梦环游记》电影海报

影迷将电影《寻梦环游记》的分数打到了 9.5 分。一部将观影目标群锁定为孩子的动画片，却吸引了概念中动画片的局外人，他们居然纷纷为《寻梦环游记》走进了电影院，看完以后都给出了几乎没有疑问的好评，为什么？

评论中的最强音，是认为这部电影给我们、特别是孩子上了一堂生命教育课。将这句话与影片勾连得更加直接一点，就是认为《寻梦环游记》通过一个名叫米格的小男孩，为寻找自己的音乐梦想，在此生与彼岸之间自由穿梭的故事，告诉我们这些一向被今生来世永相隔的生死观左右的人们，生与死的界限并不如我们所想象的那样不可逾越，奈何桥的那一端不是只有十八层地狱。交友、畅游、歌舞等等是《寻梦环游记》呈现给我们的彼岸生活，因此，死亡也就变得不那么可怕了。唯有悲伤和痛哭才是对死亡最好的呼应，这一千百年来不容置疑的道德伦理，似乎也不尽然了。

可是，残酷的事实却告诉我们，就目前的科学技术水平而言，人类还无法跨越生死界限，更不要说像米格小朋友那样自由来回于此生和彼岸了。真人版电影《时光倒流七十年》《人鬼情未了》以及动画片《寻梦环游记》，都是艺术家们试图通过自己的虚构来满足人类穿越生死的愿望，只是，两部真人版电影的穿越止于虚幻，倒是《寻梦环游记》，李·昂克里奇让米格真正实现了自由穿梭于生死之间的梦想。

将一个目前看来不真实的想法变成让电影观众可信的影像，这不是一件容易的事情，所以，从一刷到二刷，我关注的是，影片让米格借用什么手段来回穿越。我们看得到的是，彼岸那些米格死去的家人只要手擎一枚万寿菊的花瓣，念念有词地将祝福送给米格，就能将贸贸然闯入亡灵世界的男孩送回人间。

《寻梦环游记》将故事背景设定在了墨西哥，墨西哥的传统文化认为，在亡灵节那一天，人们会将万寿菊的花瓣撒在住家和公墓之间的道路上，再在路上放置点燃的蜡烛，自家那些逝去亲人的亡灵，就能寻路回家。所以，《寻梦环游记》的观众们认为，米格来往于人间与灵界的手段是一枚万寿菊花瓣，也是不错的解释。不过，我却认为，让米格自由地来往于此生与彼岸的，是音乐。

米格之所以跟自己那以制鞋闻名的家族发生冲突，是因为他希望自己像太太爷爷那样成为一名歌者。魅力十足的歌手埃克托之所以过不了铺满万寿菊的"奈何桥"回不了家，是因为家人记恨他当年为了音乐的不告而别。米格在埃克托的帮助下撕下了德拉库斯的假面具，是靠着《记住我》这首歌。是《记住我》，让米格的太奶奶、垂垂老矣的可可想起了她的爸爸、米格的太太爷爷埃克托，被家族误解的埃克托才在最后一刻逃脱了灵界死亡，影片谓之最后的死亡。

生死分别、阴阳两隔，向来被人类视为大悲剧，但是电影《寻梦环游记》的创作者们却用他们基于墨西哥传统文化的想象，为死去的亲人描绘了一幅这么美丽的彼岸世界。《寻梦环游记》，不知道慰藉了多少因失去至亲而倍觉伤感的心。

《奥菲利娅的影子剧院》，特别温暖的空间穿越

图 3　中文版《奥菲利娅的影子剧院》封面

我们在分享德国童话作家米切尔·恩德的《毛毛——时间窃贼和一个小女孩的故事》时，就曾提到过他的另一篇童话《奥菲利娅的影子剧院》。虽然，《毛毛——时间窃贼和一个小女孩的故事》是米切尔·恩德的代表作，可我个人更喜欢的，是《奥菲利娅的影子剧院》，尽管它的篇幅远远小于《毛毛——时间窃贼和一个

小女孩的故事》。

那是一个什么样的故事能让人念念不忘呢?

有一个女孩，她的父母在她出生时给她起名叫奥菲利娅。奥菲利娅这个名字包含着父母对她的期望，希望她长大后能成为一个在舞台上演出莎士比亚戏剧的女演员。我们知道，奥菲利娅是莎翁名剧《哈姆雷特》中的女主角。可是，奥菲利娅天生嗓门很小，嗓门小的人怎么能做舞台剧演员呢?但是，奥菲利娅家所在的小城，人与人之间和善相处，那家剧院的经理，得知奥菲利娅父母的愿望后，给了奥菲利娅一份无限接近莎士比亚戏剧的工作，让她做了剧院的提词员。提词员这一职业与天生小嗓门的奥菲利娅太搭调了，她尽心尽力地做着这份自己特别喜欢的工作，到后来，只要在剧院舞台上演过的剧目、朗诵过的诗，奥菲利娅都能倒背如流。岁月如梭，奥菲利娅变成了小城里最不起眼的中年妇女，这时候，发生了一件让她糟心的事，因为入不敷出，小城剧院不得不闭门谢客了。丢了提词员这个工作，奥菲利娅可怎么办?

剧院关门前的那个晚上，奥菲利娅百感交集地和自己服务了大半辈子的剧院告别，就在这时，一团黑乎乎的影子在她面前晃动，奥菲利娅觉得，那不可能是自己的影子，不禁有些害怕，就颤巍巍地问:“你是谁呀?”

“我是没有主人的影子，我是影子流浪汉。”

秉承小城善良风气的奥菲利娅打算收留影子流浪汉。可是，奥菲利娅也有自己的影子啊，奥菲利娅只好让自己成为有两个影子人。

一听说有人愿意收留没有主人的影子，怕黑、孤独、长夜、永不、空虚等等影子都来求助奥菲利娅。奥菲利娅只好把他们都带回家。幸亏影子不需要吃饭不需要穿衣，不然，穷困潦倒的奥菲利娅还真收留不了他们。

贫穷的奥菲利娅住的屋子很小，收留的影子多了，他们在奥菲利娅的小屋里挤来挤去，吵死了。奥菲利娅觉得自己得想个办法让影子们相安无事，她先教会影子们读诗，然后再教他们演戏。影子们学会演戏后，奥菲利娅的小屋就成了影子们的舞台。

听到老小姐奥菲利娅的屋子里总有奇怪的声音，邻居们就接二连三地向房东抱怨。终于，房东顶不住邻居给她的压力，佯装要涨房租逼迫奥菲利娅搬出去。这下，奥菲利娅也无家可归了，她只好将影子们装进箱子开上车子到处“流浪”，车身上挂着一块牌子，上面写着：奥菲利娅的影子剧院。

日子就在路上一天天过去了。有一天，一个陌生的影子挡住了奥菲利娅。奥菲利娅问影子：你叫什么名字？影子回答：我叫死神。黑暗慢慢将奥菲利娅包裹起来……

在天堂，奥菲利娅拥有了自己的剧院奥菲利娅的影子剧院，有时候上帝和天使们也会去奥菲利娅的影子剧院看奥菲利娅的影子们演出莎士比亚的戏剧……

米切尔·恩德虚构的这个故事感人至深，他用“剧院”贯通了这个世界的此岸和彼岸，更让读者从中感受到了温暖：善良的人总会拥有自己的“剧院”。

让读者心里住着一个奥菲利娅的，是米切尔·恩德的想象，这，毋庸置疑。

《论巴赫》，西方世界用音乐联接两个世界

在观看《寻梦环游记》的时候，很多观众都会情不自禁地感叹，用音乐勾连今世和往生，真是一个绝妙的创意。之所以会有这样的感慨，或许是因为我们还不熟悉古典音乐这门艺术。用音乐与彼岸对话，是古典音乐得以诞生、发展、抵达巅峰的出发点。

华东师范大学出版社出版的《论巴赫》（阿尔伯特·施韦泽著，何源、陈广琛译），厚达 800 页。不过，页码并不是通读这部著作的最大障碍，让没有受过音乐训练的读者头疼的，是遍布在书里的那些五线谱。对没有童子

图 4　中文版《论巴赫》封面

功的读者来说，辨识五线谱不是一件容易的事，那么，听熟了《哥德堡变奏曲》《大提琴无伴奏组曲》《小提琴无伴奏组曲》《英国组曲》《法国组曲》等等巴赫的作品后，再来通读《论巴赫》，就算跳过那些写在五线谱上的音符，也不会有太大的阅读障碍吧？

事实并非如此。《论巴赫》谈论到的巴赫作品，除了《音乐的奉献》和《赋格的艺术》为大众耳熟能详外，作者把大量的篇幅给了康塔塔。康塔塔虽说是一种巴洛克时期广泛流传的声乐表现形式，可我了解的康塔塔，只有巴赫的作品第 156 号，且剥离了歌词，只知道大提琴独自演奏的这部短到只有五分多钟的作品，是在不以物喜不以己悲地低诉，让听乐者心事浩森。有一次，去上海大剧院欣赏中国青年话剧中心的话剧《堂·吉诃德》，发现贯穿这部舞台剧始终的音乐就是巴赫的第 156 号康塔塔，只是，话剧选择了钢琴版。巴赫的音乐竟将堂·吉诃德的寂寞映衬得格外入心。

因为感动，所以念念不忘，于是就去考证巴赫的作品第 156 号《康塔塔》究竟是一部什么样的作品。

《我的一只脚已经踏入坟墓》，这就是巴赫第 156 号康塔塔的曲名，顾名思义，这是一曲试图沟通今世和往生的作品——直到那会儿，我都没有意识到，多到难以计数的巴赫的康塔塔，绝大部分都是为了让人们在苦苦怀念亡灵时获取慰藉的。

1727 年 9 月 7 日，王后克里斯蒂安·埃伯哈丁逝世。这位王后的丈夫为了得到波兰王位，于 1697 年改信罗马天主教，为此，她一直远离丈夫，过着寂寥的独居生活。因为她所承受的这份苦楚，民众把她当作圣人崇拜。王后一死，整个萨克森都在悼念她。巴赫受命为已由他人写好歌词的《葬礼康塔塔》谱曲。

在《论巴赫》一书里，施韦泽评价《葬礼康塔塔》的歌词是“四平八稳，既没有诗意，也缺乏深度”，却对曲作者巴赫的创作给予了所能给出的最高赞誉，“从头到尾贯穿着庄严的节奏，听众深受它宏大、雍容与沉郁的和声的震撼，以致忘记乐章的长度”，“然后音乐仿佛改变了形态。咏叹调‘女英雄多么快乐地死去’中，维奥尔琴奏出的主题，仿佛天国中一个安宁的微笑——”“在这里，巴赫通过低音部一段从头至尾贯穿整个乐章、美妙而超然的音乐形象，描述了胜利者抵达永恒的彼岸时心中获得的安宁——”无疑，《葬礼康塔塔》更加坐实了巴赫众多的康塔塔作品，是为了让失去亲人的人们而创作的，让他们能在他的音乐中依然听到远去天国的他或她还在回应他们的呼唤。

听啊，在巴赫的音乐世界里，由生到死没有天人永隔的悲情，只有此生到彼岸后所向往的安宁。也正是因为这样，总共三十五章的《论巴赫》，施韦泽用了九章分年代、分专题地论述了巴赫的康塔塔，尤其是第二十三章到第二十九章，除了提到了《圣约翰受难曲》和《马利亚尊主颂》外，施韦泽的文字就一直在将巴赫的曲作和他人的词作一一对应，告诉我们这一首康塔塔何以重要、何以动人、何以叫人难忘。

通读完《论巴赫》，一个郁积在我心头许久的疑团也解开了。这个疑团就是，巴赫一生，两次婚姻、20个孩子，总是为养家糊口忙碌着。日复一日地坐在五线谱前填写“小蝌蚪”，他就没有厌倦的时候？施韦泽先生告诉我们，没有！在他的论著里，我们读到，巴赫始终在为由此生到彼岸搭建铺满万寿菊的音乐“奈何桥”。这崇高的职业，恐怕是巴赫沉醉其中不知厌倦的主要原因吧？

如果说，墓葬壁画珍品是创作者将想象中的彼岸世界见诸画面，如果说，宫泽贤治和米切尔·恩德将想象中的彼岸世界见诸文字，如果说，李·昂克里奇和阿德里安·莫里纳将想象中的彼岸世界见诸影像，那么，巴赫就是将他想象的彼岸世界见诸音乐了。音乐原本就比画面和文字更加不容易解读，从巴赫生活的年代到今天，艺术的门类不断增加，享受艺术的途径也变得越来越轻捷，人类贪求简便易学的惰性使得巴赫的音乐对大多数人来说几乎成了天书，想从巴赫的音乐中获得教益，变成了需要天时地利人和的大事。一想到巴赫的《康塔塔》以及巴赫的其他作品距离天国这么近，就算阿尔伯特·施韦泽的《论巴赫》很厚读起来有点难，还是想郑重地推荐给大家——海涅有一首诗曰《乘着歌声的翅膀》，我们乘上巴赫音乐的翅膀，瑰丽的想象将一一呈现在我们的脑海，甚至，我们的眼前。

开始写作

学一门乐器，已经成为很多学生的必修课，所以，识读五线谱对大家来说，已经不是难题。可是，跨越了这个障碍之后就真的会欣赏古典音乐了吗？现在，就来测试一下吧。

作业一：选择自己最熟悉的一曲古典音乐小品，来叙述一下自己聆听的体会。

作业二：假如已经看过电影《寻梦环游记》，那么，再看一遍，然后，找到米格穿梭两个世界的过程中最打动你的片段，用文字记录下来，目的是劝说不愿意看《寻梦环游记》的同学去看电影。

赶快去读

1.〔德〕阿尔伯特·施韦泽著，何源、陈广琛译：《论巴赫》，华东师范大学出版社，2017年。

推荐理由：一个“论”字，注定了《论巴赫》是一本不容易读的书，我们坚持推荐，是因为这是需要用一辈子来读懂的书，眼下，只是开始。就算是开始，也一定获益匪浅。将想象付诸音乐，那个世界是最广阔的。

2.〔英〕雷蒙·布力格原著，〔英〕迈克尔·莫波格改编，〔英〕罗宾·肖绘，马爱农译：《雪人》，民主与建设出版社，2020年。

推荐理由：1978年，英国著名的童书作家、插画师雷蒙·布力格创作了一本无字的书，绘图版的《雪人》。40年后，另一位英国作家迈克尔·莫波格将其改写成中篇小说，可见，这是一个多么动人的故事。小男孩詹姆斯搭起来的雪人，本无感情，雷蒙·布力格却通过自己的想象让雪人有了生命，所以，作品结束在雪人渐渐融化时，读故事的人无不倍觉伤感。注意，无字版和中篇小说都要读，也许就能读到写出好作品的奥秘呢。

3. 尚思伽：《太平鬼记》，南京大学出版社，2012年。

推荐理由：看似尘埃落定的历史往事，被女作家从故纸堆里翻检出来后，再将自己的想象化入其中，往事就有了不一样的情节、不一样的分量以及不一样的判断。可见，盖棺未必论定，我们推荐此书，是想让大家体验另一向度的想象，从而也证明我们一直的主张：想象无边无际。

第八章

听得见书里的音乐吗？

没有一种阅读比“亲子阅读”更能体现阅读中的温度了，所以，我们特意设计了一篇需要成人参与的内容。涉及的影视作品、音乐作品以及阅读文本内容有些深倒是其次，我们想要尝试打开阅读的边界，将影像、音乐作品也视作阅读对象。

答应为一家报社撰写一组“电影里的古典音乐”的文章后，我开始重看那些因古典音乐而更加动人的电影：《苏菲的抉择》《那个杀手不太冷》《肖申克的救赎》《走出非洲》《禁闭岛》，等等。有些电影，重合了我的记忆；而有些电影，重看时竟有了新发现，比如《禁闭岛》。

图 1 《禁闭岛》电影海报

《禁闭岛》是根据丹尼斯·勒翰的同名小说改编的一部电影，可以被称作悬疑电影，所以，当初看时一心想要破解被关在其实是精神病院的禁闭岛上的男主角泰迪，究竟是何人，没留意音乐。再说了，影片中马勒的《a 小调钢琴四重奏》只出现了那么一小会儿。

重看电影《禁闭岛》前，我特意将原著找出来通读了一遍，发现丹尼斯·勒翰在同样的场景也让泰迪他们听音乐，不过，文中只提到了他们在听马勒的音乐。而为电影《禁闭岛》配乐的音乐家，将马勒的作品具体为《a 小调钢琴四重奏》。略通古典音乐的乐迷都知道，我们入门古典音乐，多半从交响乐作品开始，而后才是协奏曲、室内乐……好有一比，假如说交响乐是世界名著中的小说，那么，室内乐就是诗集。具体到马勒这位伟大的作曲家，我们学习听他的作品，多半从他的九部半交响乐作品开始，而后才是他的《大地之歌》《少年魔角》《亡儿之歌》等等，最后才会去聆听他的室内乐，比如《a 小调钢琴四重奏》。

一生作品丰厚的马勒，室内乐作品不多，这一部《a 小调钢琴四重奏》是马勒还是音乐学院学生时创作的，“（学生时代的作品中）最好的要算是钢琴四重奏了，那是在四年音乐学院生活的最后时光写的，当时就吸引了很多人。后来我把它送去参加一个在莫斯科举行的比赛，结果失利了”，就是因为参加比赛失利的缘故？反正，这部作品在作曲家本人的主导下，被人们淡忘了，要不是德国指挥家彼得·鲁茨斯卡勠力钩沉，这部杰出的室内乐作品也许就真成为佚作了。所以，能够听出正在播放的作品是马勒的《a 小调钢琴四重奏》，作为古典音乐乐迷的泰迪段位十分了得。一个联邦警官有着如此深厚的古典音乐造诣，当时在场的泰迪的主治医生考利先生和奈林先生对此却丝毫不感到意外，为什么？因为，他们知道泰迪究竟是何人，他们也知道马勒的音乐会深深触动“二战”时期在德国战场九死一生的泰迪。重看《禁闭岛》之前，因为通读了一遍小说，这就有了新发现。为什么电影要特别点出马勒的作品是《a 小调钢琴四重奏》？影片结束前，终于承认自己是精神病人利蒂斯而非联邦警察泰迪的这个男人，决定去做脑部手术来忘记过去。在“像好人一样死去”和“像怪物一样活着”中，他选择了后者。这样的选择，与马勒《a 小调钢琴四重奏》悲苦的情绪太对味了。

所以，不要以为出现在电影里、书里的音乐作品，是创作者兴之所至随手拈来随便一用的，特别是在电影导演或作家是一个资深乐迷的情况下，他们选用的音乐往往是一束追光，能帮助我们跟上创作者的思维节奏。

只是，我们听得见吗？特别是书里的音乐。

村上春树爱好在其作品的角角落落

村上春树的作品，可分成两大类，小说和散文，我更喜欢他的散文，《无比芜杂的心绪》《大萝卜和难挑的鳄梨》《碎片，令人怀念的 1980 年代》，当然，还有一本我最喜欢的《与小泽征尔共度的午后音乐时光》。

小说家村上春树，自制力非常了得。成为职业作家的 40 多年里，每天黎明即起，做上咖啡后便打开收音机，边洗漱边听新闻。洗漱完毕，咖啡已好，搭配几片面包做早餐后，他便坐到书桌旁开始写作，数十年如一日。

村上春树的粉丝都知道，他是一个马拉松爱好者，《当我跑步的时候，我谈些什么》，详尽记录了他的这一爱好。不过，相对于爱好而言，我更倾向于村上春树坚持一年参加一次马拉松比赛，是为了保有充沛的体力，不然，根本没有办法保证自己每天数小时坐在书桌旁勤奋笔耕。假如没有足够的体力保证，多卷本的《1Q84》很有可能只有开头没有结尾。

那么，村上春树爱好什么呢？英文小说、爵士乐、古典音乐，等等。

村上春树在散文里写到自己的爱好时，那种自如常常会让他在落笔的刹那灵光乍现，特别令读者动容。

直至今日，每当我聆听比莉·荷丽黛的歌曲，便常常想起那位安静的黑人大兵。想起那个心头思念着遥远的故土、坐在吧台一角无声啜泣的男人。想起他面前那杯威士忌中静静融化的冰块，还有那位代远去的他前来聆听比莉·荷丽黛唱片的女子。想起她雨衣的气味。然后，想起过于年轻、过于腼腆，因为不知畏惧，寻觅不到妙语将所思所想送达别人内心，几乎束手无策的我自己。（《无比芜杂的心绪：比莉·荷丽黛的故事》，第133页）

当然，更让我钦佩的是，这位小说家与指挥家小泽征尔谈论古典音乐时的专业程度：

村上　试问先读理查德·施特劳斯的乐谱，再读马勒的乐谱，会发现什么地方不一样？

小泽　这么形容或许过于简单，不过，如果从巴赫、贝多芬、瓦格纳、布鲁克纳、勃拉姆斯一路追溯德国音乐的源流，能在其中为理查德·施特劳斯找到一个位置。当然，其中有许多要素是重叠的，但这仍然是可追溯的源流。马勒就不能如此看待了，而是需要一个全新的角度。这是马勒最重要的成就。勋伯格、贝尔格和他属于同一时期，但他们没有做过马勒所做的事。（《与小泽征尔共度的午后音乐时光：马勒音乐的前卫性》，第126页）

这一问一答，看似小泽征尔在一个人独唱，可老师们都知道，什么样的学生最会提问。有着如此深厚的古典音乐修养的村上春树，会不会将自己的爱好带入他虚构的世界呢？当然，而且是一次又一次。

《没有色彩的多岐作和他的巡礼之年》，虽然不是村上春树最好的作品，但其在小说中将李斯特的钢琴组曲《巡礼之年》用作了小说情节发展的推手，让我们再一次见识了村上春树深厚的音乐素养。而村上最新的小说《刺杀骑士团长》，更是让理查德·施特劳斯的《玫瑰骑士》无处不在。想要体会《玫瑰骑士》在村上春树新作中出现的频率，我们先要了解这部小说写了一个什么样的故事。

图 2　中文版《刺杀骑兵团长》第 1、2 部封面

这是一个试图为中产阶级的生存焦虑寻找出路的故事。“我”与柚的婚姻进入第 6 年时，柚突然告诉“我”，打算结束与“我”的夫妻关系。此时，从美院毕业以后在创作上找不到自我的“我”，正打算从求生存转型到实现梦想，柚这一将军，让临近中年的“我”陷入了事业与家庭的双重窘境。

以上，是《刺杀骑兵团长》在开篇为读者设的一个局，读者诸君会不会有这样的疑惑：这个局跟骑兵团长能有什么瓜葛？这就是《刺杀骑兵团长》比《没有色彩的多岐作和他的巡礼之年》丰厚的地方：任何一个微末人生，都被天地玄黄的力量密布在了蝴蝶的翅膀上，这只蝴蝶的翅膀不知道在世界的哪一个角落微微一抖动，谁的命运都不可逃脱地会发生震颤。且，在村上春树的构思里，这只蝴蝶不仅仅是空间概念，更是时间概念。有了这个构思，“骑兵团长”就从遥远的过去一路跨越到当下正猝不及防地跌入人生低潮的“我”的身边。

村上春树让“我”喜欢按部就班地早起工作、下午悠闲、晚上与柚享受生活，让“我”喜欢咖啡而不是茶，喜欢意大利面而不是寿司，喜欢古典音乐和西方流行音乐特别是爵士乐而不是日本演歌……熟悉村上春树的读者都知道，这都照搬了作家自己的生活习惯，所以冒昧的读者会揣测，那是村上春树在假托一个画家为自己的人生做总结。其实，这样的尝试，在《没有色彩的多岐作和他的巡礼之年》里我们已经读到，只是，那次尝试的结果过于单薄。村上春树也嫌《没有色彩的多岐作和他的巡礼之年》不够尽意？这些年来他是不是一直在思考怎样增加自己作品的厚度？《刺杀骑士团长》让我们看到，只用了 7 年，他就让自己的作品长出了令人瞠目的厚度。

这种厚度，是让“我”住进日本著名画家雨田具彦独居的老宅实现的，后者，因为老年失智进了养护院。这个安排，让“我”有可能看到雨田具彦从未发布过的作品《刺杀骑兵团长》，也让“我”有可能寻着午夜铃声找到旧宅院子树荫下草丛里的那个洞穴，更让“我”结识了姓氏奇异人生更加难以捉摸的男人免色涉和疑是免色涉的女儿、13 岁的邻居真理惠。一幅画、一个洞穴、3 个主角，拧成了一股悬疑、年代、穿越、家庭伦理、青春偶像等等戏码纠缠在一起的五彩绳，这很村上春树，是吗？但，这是最丰厚的村上春树！

所以，小说开始时已经分不清锅盖和唱片的雨田具彦，是《刺杀骑兵团长》的灵魂主角。这个灵魂主角，贡献给小说一个关键道具：一幅画。

这个人，根据莫扎特歌剧《唐璜》的情节，创作了一幅在“我”看来堪称杰作的《刺杀骑士团长》，可画作完成以后为什么要束之高阁？是为悬疑。为解疑，村上春树带领读者回到第二次世界大战时期，回望那个年代，我们获知，画《刺杀骑兵团长》是雨田具彦的宣泄手段。什么样的情感冲突得用这么浓烈的画面来宣泄？原来，画家在维也纳留学时与纳粹正面交锋后留下了难以平复的情感和肉体创伤，以及最爱的弟弟、音乐学院的高材生经历过南京大屠杀后自杀身亡给他带来了巨大打击。

读过《与小泽征尔共度的午后音乐时间》的读者都知道，理查·施特劳斯并不是村上春树最喜欢的古典音乐作曲家，可是，他却选择了理查·施特劳斯的音乐来串场他的新作《刺杀骑兵团长》，第 1 部的第 111 页出现了他的《玫瑰骑士》，第 2 部的第 47 页再度提及《玫瑰骑士》，第 187 页出现了理查·施特劳斯的《双簧管协奏曲》，到了小说快要结束的第 249 页，村上春树又让“我”和故事里另一个重要角色免色涉听起了《玫瑰骑士》。

理查·施特劳斯是一位经历了两次世界大战的德国作曲家，靠自己的才华过上优渥生活的作曲家，因为世界大战让其一度捉襟见肘，他只好与纳粹虚与委蛇。“二战”结束后，因为与纳粹那段说不清楚的纠缠，理查·施特劳斯被审讯后，只好蛰居在家乡苦度余生。一个说过“纵使一把扫帚，我也能用音乐精确描述出来”的音乐狂人，人生的结局竟然如此苦涩，了解了理查·施特劳斯的生命旅程后，我们还能说，村上春树频繁地让理查·施特劳斯出现在《刺杀骑士团长》里，是他信手拈来的吗？

著名乐评人刘雪枫先生在评述歌剧《玫瑰骑士》时这样说：“剧情并不伟大，所描写的爱情也不崇高，但是剧情背后与当时的时代有关。当时的贵族认识到过去的年代一去不复返了，而对于未来既向往又恐惧，剧情所表达的其实是对于一个时代逝去的忧心。”我们是不是找到了村上春树选用《玫瑰骑士》来贯穿《刺杀骑士团长》的原因？创作油画《刺杀骑士团长》是雨田具彦试图挣脱未来恐惧症的尝试，在雨田具彦独居小屋的阁楼上找到油画《刺杀骑士团长》，则是“我”有可能摆脱未来恐惧症的指南。半个多世纪前雨田具彦让一只蝴蝶扇动了翅膀，震动的翅膀一直波及了今天“我”的生活，两者呼应的密码，就是理查德·施特劳斯的《玫瑰骑士》。

只是，小说《刺杀骑士团长》的读者，能听到书里的音乐吗？

朱利安·巴恩斯的作品难懂？抓住作品里提到的音乐作品

村上春树提醒我，假如作家是一位资深的古典音乐迷，一定要特别当心在他或她的作品中出现的古典音乐作品，那是帮助我们理解该作品的草蛇灰线。

英国作家朱利安·巴恩斯酷爱古典音乐。朱利安·巴恩斯也是一位学者型的作家。后一点，使得朱利安·巴恩斯的小说不太容易理解，比如他的成名作《福楼拜的鹦鹉》。至于被不少阅读者视为危途的《时间的终结》，我已经读过 3 遍开头却还是没能坚持到终结。

图 3　中文版《柠檬桌子》封面

然而，朱利安·巴恩斯往他的小说里添加古典音乐元素后，奇迹发生了——他的小说立刻变得友善起来，比如，他的短篇小说集《柠檬桌子》。总共汇集了朱利安·巴恩斯 11 篇短篇小说的《柠檬桌子》，共有 2 篇的主角与古典音乐相关。

《警惕》中的“我”是居住在伦敦的狂热的古典音乐迷，无论是威格莫尔音乐厅还是阿尔伯特音乐厅，无论上演的是莫扎特的作品还是肖斯塔科维奇的作品，无论舞台上的主角是著名指挥麦斯特·海丁克还是钢琴家安德拉斯·席夫，“我”都会买票前去观赏。起先，丈夫安德鲁会陪伴左右，后来，“我”就只能独自欢愉了。“我”以为是安德鲁有了新爱，只是读者随故事的推进渐渐明白，安德鲁嫌弃的，是“我”在音乐厅里对周边听众的在意超过了舞台上的音乐：戳戳右前方说了一句悄悄话的奥地利人，带着咳嗽糖走进音乐厅随时递给在音乐会进行中实在忍不住要咳嗽的人……

《沉默》的主角本身就是作曲家。作品等身且家庭生活美满，但，那只是旁人眼里的作曲家。作曲家本人的感受是：江郎才尽，所以他酗酒成瘾。

他人怎么旁敲侧击都问不出已经张扬出去的作品何以迟迟完成不了，但独自一人的时候作曲家本人不得不承认，完成无期。不，还有为了作曲家放弃自己才华的妻子A，也知道。如果没有鹤，野鹅也算得上美丽——力不从心的作曲家只好为自己开释。

两个与古典音乐关系密切的角色，一个无法将精力集中到舞台上的表演，一个已经没有能力继续自己的职业生涯，细细揣摩，听音乐的也好，写音乐的也好，都是人物的外套，朱利安·巴恩斯想要表达的，是迈入老境的你我，在感受“无边落木萧萧下”的无可奈何时不甘地挣扎。

酷爱古典音乐的朱利安·巴恩斯，后来索性推出了一部以作曲家为主角的作品《时间的噪音》。朱利安·巴恩斯重点描述的两个故事，都不是第一次听到，在《时间的噪音》里经由作家的思考再流之于笔端的旧故事，果然散发出了程度更深的恐惧气息，那是被红色恐怖攫取后个体因无奈而产生的深入到骨髓的恐惧。

图 4　中文版《时间的噪音》封面

一个故事，是关于小提琴家大卫·奥伊斯特拉赫的。“这位小提琴家向他（肖斯塔科维奇）描述，他们怎么一夜一夜跑来他的公寓大楼带走某个人。从来不是群捕；只抓走一个牺牲品，然后下一晚再带走一个——这种做法让那些留下的人，那些暂时幸存的人，越来越恐惧。最后，所有房客都被带走了，只剩下他家和对门那家。第二天晚上，警车又来了，他们听到楼下房门砰地关上，脚步声沿着走廊过来了……进了另一间公寓。奥伊斯特拉赫说，从那一刻起，他一直在害怕，而且，他知道，这恐惧将延续余生。”

另一个故事，是关于年轻的元帅图哈切夫斯基。从留存于世的图哈切夫斯基的照片来看，除了骁勇善战之外，元帅还帅气逼人。当他春风得意的时候，“红色拿破仑还只有四十多岁，是个坚强而英俊的男人，额头上有显眼的美人尖。他听完了发生的一切（肖斯塔科维奇的歌剧《姆钦斯克县的麦克白夫人》挨批），中肯地分析了门徒（肖斯塔科维奇）现在的处境，从战略上提出了一个简单、大胆而慷慨的方案。他，图哈切夫斯基元帅，将亲自给斯大林写一封求情信。德米特里·德米特里耶维奇大大松了一口气。当元帅在桌前坐下，展平面前的一张白纸时，他头轻了，心也松了。但这个穿着军装的男人一抓起他的笔开始写字时，一种变化忽然袭来。汗水从他的头发里冒出来，从他的美人尖一直流到前额，又从脑后渗进了衣领。一只手拿着手帕不安地抖动，另一只手拿着钢笔停住了。这样没有军人气概的恐惧令人沮丧。"

奥伊斯特拉赫为什么恐惧，无需赘言。但图哈切夫斯基这位年轻的元帅，为什么也这么惧怕斯大林？后来的事实证明，他的恐惧并非空穴来风。那以后不久，图哈切夫斯基冤死后被人像拖冻猪肉一样拖出审讯室。我们同情图哈切夫斯基。但朱利安·巴恩斯的描述，迫使我们思考一个问题，假如他没有死于非命而是更加平步青云，他对肖斯塔科维奇们的态度会相左于斯大林吗？或者，体验过极度恐惧的人，一旦走运地抵达了凌驾于除斯大林以外的所有人之上，他是否会将之前不得不吞下的恐惧悉数释放出来加倍还之于那些无辜的子民？真的不是没来由的猜忌，那个名叫郝连尼科夫的作曲家协会第一书记，面对斯大林时能害怕得一泡屎拉在裤子里，一转身审讯起肖斯塔科维奇来，马上狐假虎威得比斯大林更令人胆战心惊！

有些往事，注定成不了烟，就像《时间的噪音》所罗列的那一切。越是在非人的往事中瑟瑟发抖，越是对肖斯塔科维奇能够在那样的政治环境下以懦夫的姿态，将智慧变成能长久地给失意的、彷徨的、畏惧的、无所适从的人们以温暖怀抱的音乐作品，充满了敬意和不解：肖斯塔科维奇是怎么做到的？

我想，这也是朱利安·巴恩斯用了30年的盘桓最终决定将肖斯塔科维奇人尽皆知的故事虚构成小说的原因：当自己的用心之作《姆钦斯克县的麦克白夫人》被无端指责乃至被上纲上线批判以后，肖斯塔科维奇为什么还能够为这个不能给他一架钢琴让他平静作曲的国家鼓与呼？有一张著名的照片为例，他戴着钢盔站在列宁格勒保卫战的战场上；更有著名的作品为证，《列宁格勒交响曲》也就是肖斯塔科维奇的第七交响曲。

从他为这本小说设计的结构可以看出，朱利安·巴恩斯试图给《时间的噪音》读者一个相对没有疑义的答案。1936 年、1948 年和 1960 年，朱利安·巴恩斯选择了发生在上述年份里肖斯塔科维奇生命中的大事，以十二年之隔给肖斯塔科维奇带来的变化来回答读者的问题。

1936 年，因为斯大林的钦点，肖斯塔科维奇的歌剧《姆钦斯克县的麦克白夫人》上了《真理报》被批判。

1948 年，因为斯大林的钦点，肖斯塔科维奇去美国参加世界和平和文化大会。

1960 年，斯大林已成故人，接班的赫鲁晓夫让肖斯塔科维奇乘上了一辆乘车人感觉随时会抛锚的新车，尽管如此，他还是在这一年加入了苏共。

既然批判《姆钦斯克县的麦克白夫人》的声浪让肖斯塔科维奇陷入了惶恐不安的境地，肖斯塔科维奇为什么不步斯特拉文斯基的后尘去西方世界寻求纯粹的音乐世界，而是留了下来宁愿在每一个夜幕降临时分，为了不让妻儿看到他被捕的惨状，拎着箱子等待在电梯旁？

既然不得不听命于斯大林去纽约为苏联代言，太多的暗示让肖斯塔科维奇心领神会，只要他纵身一跃，他就会像他崇拜的同胞作曲家斯特拉文斯基那样在自由的美国纵情挥洒才华，他为什么甘愿默默吞下纳博科夫的堂兄尼古拉斯·纳博科夫的诋毁也要回到苏联？

人们希望苏联在斯大林死后发生的变化，可赫鲁晓夫上台以后变化并没有如期而至，相反，赫鲁晓夫“战车”驾驭着苏联距离自由和民主还越来越远了。饱受斯大林时期苏共的恐吓和谩骂的摧残后，肖斯塔科维奇为什么要在 1960 年加入苏共？

朱利安·巴恩斯一面庆幸在英国当作家从没有受过因政治原因不得不写作的委屈，一面给肖斯塔科维奇的选择做盖棺论定：“我的英雄是懦夫”。说得也没有错呀，在那样的强权政治下，做一个铁骨铮铮的英雄是一时的痛快，而像肖斯塔科维奇那样，要在备受压制乃至屈辱的情形下千方百计地寻找到可以发出自己内心之声的缝隙，受的是凌迟之刑，如此这般，朱利安·巴恩斯认为“相比英雄，做肖斯塔科维奇那样的懦夫，要艰难许多”，难怪世界文坛声称，朱利安·巴恩斯是世界上最聪明的作家之一！

我阅读《时间的噪音》时，总是会放一张肖斯塔科维奇作品的唱片，尤其是他题献给大提琴演奏家罗斯特罗波维奇的《第一大提琴协奏曲》，开启这部作品第一乐章的第一个主题音乐，因为有《时间的噪音》做旁注，那简直就是秘密警察慢慢迫近家门口的恐怖脚步声。至于他在又名《列宁格勒交响曲》的第七交响曲之后创作的作品，从交响乐到室内乐，全都是朱利安·巴恩斯《时间的噪音》的音乐版。问题是，一字一句拜读《时间的噪音》时，我们听得见书里的音乐吗？

千万不要略过德国作家小说里的音乐元素

千万不要略过德国作家放在他们小说里的音乐元素，它们往往是打开这部作品的钥匙。德国人几乎都在氤氲着古典音乐的氛围中长大，作家也不例外。那种仿佛与生俱来的音乐素养，决定了德国作家不会无缘无故地在自己的作品里把自己的人物设定为音乐家或是音乐爱好者。一位作曲家的作品在一部小说里探一次头我们还能解释为作家的一时兴起。当作曲家的名字一而再再而三地出现在一部作品里时，那就千万不要以为是作家的无心之为了。据我的不完全统计，祖籍匈牙利、二战时期因坚决不肯与纳粹合作而不得不逃往美国、作品一时又得不到呼应而收入微薄、最后因白血病死于纽约的作曲家巴托克，在德国作家马丁·瓦尔泽的作品《批评家之死》里，至少出现过 3 次。

德国著名的电视节目《门诊时间》的著名嘉宾安德烈·埃尔·柯尼希，从一档批评作家汉斯·拉赫的作品《没长脚趾甲的女孩》的节目下来后，循例到出版商的别墅里参加晚宴。酒酣耳热之际，人们发现，埃尔·柯尼希消失了。更有人看见，本不应该出现在晚宴现场的汉斯·拉赫当晚现身过，第二天，作为杀害埃尔·柯尼希的嫌疑人，汉斯·拉赫被收押。

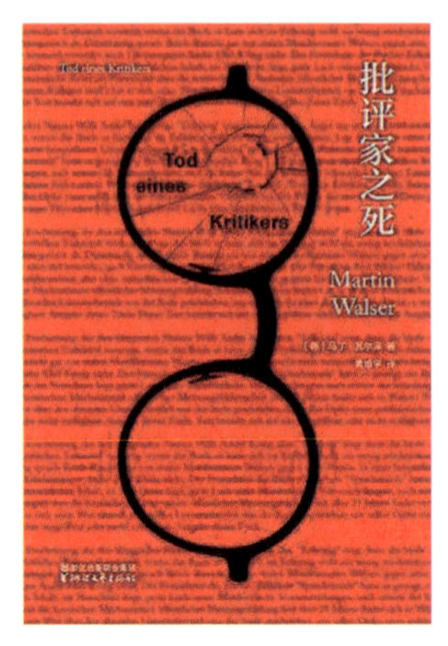

图 5　中文版《批评家之死》封面

小说的叙述人、作家米夏埃尔·兰多尔夫本能地判断，汉斯·拉赫不是杀害埃尔·柯尼希的凶手。他赶忙从阿姆斯特丹赶回慕尼黑，想尽办法要为在警察局里不发一言的汉斯·拉赫证明清白。

拉赫夫人应该是"我"最先想要对话的人，可不知为什么，在总共232页的《批评家之死》里，当"我"走进汉斯·拉赫的家寻访拉赫太太时，已经是小说的第122页了，"我还没有踏上最低一级台阶，就听见有人弹钢琴，不，这肯定是一架三角钢琴，弹的是巴托克。"接下来，"我"走进汉斯·拉赫的家里，通过拉赫夫人出示的有埃尔·柯尼希签名的汉斯·拉赫的藏书，"我"判断，"不是他干的"。忙于正事的同时，"我"没有忘记告诉读者，拉赫夫人弹奏的，是巴托克两首悲歌中的第一首，"巴托克的音砸得那么突然，尔后又让人觉得只能如此"。

动词用了一个"砸"字，只有聆听过巴托克作品的人，才能体会到这个动词用得多么准确！我第一次聆听巴托克的作品，是在某年的上海夏季音乐会上。一位年轻的小提琴演奏家与上海交响乐团合作巴托克的小提琴协奏曲，停不下来的嘈杂让我误会小提琴家的琴艺太差，回家后找出名家的唱片继续听，才发现原来巴托克的音乐就是停不下来的嘈杂！读《批评家之死》到122页时，特意到网上寻找巴托克两首悲歌的视频，这一段贴心的视频，将巴托克的乐谱覆盖在钢琴家演奏时的身影上，于是我们能看到，乐谱上的"豆芽菜"排列得密密麻麻！这也就不难理解为什么演奏家们面对巴托克的作品，只能"砸"、只能嘈杂了。

我想，那只是作家马丁·瓦尔泽为增添情趣将拉赫夫人设计成一个钢琴教师而已，钢琴教师嘛，弹着琴出场是合适的。但是，下一次拉赫夫人出场，“拉赫夫人在练习巴托克的曲子。她显然不能承认自己也许永远弹不好这两首曲子。但谁乐意承认自己做不好一件对自己至关重要的事情呢？我听见她时不时地弹出几个表达得很完美的小节。过后她让左手闲着。重复一遍。又让左手闲着。然后再让右手闲着。其实她绝对不可以这么弹。这些失重的经过句，这些紧紧咬住的和弦，应当从手指里面出来，或者说像泉水一般涌流出来。”这一段对拉赫夫人处理巴托克两首悲歌的评述，让我警觉：巴托克是作家信手拈来的一位作曲家吗？不，不是的。再回看这一长段对拉赫夫人琴艺的评述，难道不能是对《没长脚趾甲的女孩》的作者汉斯·拉赫创作历程的同情吗？“谁乐意自己做不好一件对自己至关重要的事情呢？”“我听见她时不时地弹出几个表达得很完美的小节”“其实她绝对不可以这么弹”的话外音，是不是在暗示，汉斯·拉赫很想成为一个好作家，他的作品中也有几处写得相当不错，即便有处理不当的地方，也是无心之过，作为能操控一本书销量的批评家安德烈·埃尔·柯尼希，在一档德国最著名的电视节目里不积口德地诋毁汉斯·拉赫，埃尔·柯尼希死不见尸，是批评家应得的。

我以为自己已经把握住了马丁·瓦尔泽在《批评家之死》中引入巴托克两首悲歌的暗喻，没有想到，巴托克还会第三次出现在这本小说里：“她把第二首悲歌弹得慢悠悠，但又非常和谐。她那种弹法，就像是想到哪儿，弹到哪儿。有一回她说过，假如她当初没有嫁给我，她将终身与钢琴为伴。”不要疑惑，这时候，小说已经进入到第三部“粉饰乾坤”，像是整本小说的补丁，马丁·瓦尔泽让这一部分的叙述者从米夏埃尔·兰多尔夫变成了多人，而上面所引的这句话，是汉斯·拉赫的叙述，没错，那时，他已经被释放，正如米夏埃尔·兰多尔夫所感觉的，汉斯·拉赫不是凶手。这么说可能更有意思：埃尔·柯尼希根本没有死，他只是借匆忙跟一个女作家外出度假几天的计划，跟大家开了一个玩笑！批评家不可信，这大概是所有将《批评家之死》读到这里的感受。至于这本甫一出版就在德国引起轩然大波的小说，马丁·瓦尔泽到底给了像汉斯·拉赫这样的作家多大的同情？喜欢这本小说的读者各有各的解释，特别是“粉饰乾坤”这一章节无比先锋的写法，更是让解读变得扑朔迷离。

可我觉得，找到马丁·瓦尔泽将巴托克引入这本小说的目的，是解读《批评家之死》最趁手的钥匙。巴托克是这样一位作曲家：作品很久以来不被人们理解，他的重要作品像小提琴协奏曲，完成后公演过一次就被束之高阁，所以，他不得已逃亡纽约后会窘迫得死于疾病。不过，他死后不久，作品就被世人认识到了价值。人们频繁地将他的作品编入音乐会曲目的同时，一致认为巴托克是二十世纪最伟大的音乐家之一。

马丁·瓦尔泽对批评家的态度，还需要多言吗？

这一回，石黑一雄让音乐唱起了主角

石黑一雄的作品，我读得不多。在他获得诺贝尔文学奖后，我读了他的《浮世画家》和《别让我走》。《别让我走》读得我悲痛欲绝。

人类怎么能凶残至此？培育一批与自然人无异的克隆人，就为了让他们给自然人提供可捐献的器官。或者，我们不必为作家的虚构大惊失色，《别让我走》不是一本科幻小说吗？20 世纪 70 年代放映美国电影《未来世界》时，我曾经不以为然地觉得，那不就是艺术家幻想出来的未来世界嘛！然而，《未来世界》不就是今天的现实世界吗？

石黑一雄播撒在《别让我走》中的人文关怀，是他所有作品的主题。只不过，有时候他以科幻来表达，比如《别让我走》；有时候他以残酷的战争为背景，比如《我辈孤雏》。而《小夜曲：音乐与黄昏五故事集》，则用音乐来开路。

石黑一雄 5 岁时随父母由日本西去英国，如今已逾半个世纪，以自己的文学成就被誉为“英国文坛移民三杰”之一。《小夜曲：音乐与黄昏五故事集》是我第一次接触

图 6　中文版《小夜曲》封面

石黑一雄的作品，不知是不是因为刚刚读罢村上春树的《没有女人的男人》的缘故，读着石黑一雄以音乐作为介质讲述的一个个路人甲的日常生活，虽然因为音乐他们拥有了惊艳一瞬，但刹那变不成永恒，他们很快就被琐碎的日常打回原形，泯然众生后回到寂寂无声中。

然而，大和文化那种欲语还休、不愿意将句号画实的做派，让石黑一雄的这本书，没有一篇小说的主角在篇末望断天涯路。然而，仅“只是近黄昏”的况味，让琳迪·加德纳、埃米莉、“我”、史蒂夫、埃洛伊丝那惊不起池塘里微澜的小人物的不如意，愈加叫人读得凉彻骨。托尼·加德纳是一个差不多就要过气的歌星，为了让演唱生涯再迟一点抵达终点，托尼·加德纳必须制造一些绯闻让世间有嚼舌头的料，于是设计了一场情意绵绵的威尼斯之旅，为的是跟妻子离婚，此为《伤心情歌手》。

埃米莉没有选择雷做丈夫，而是嫁给了查理，这是她自己的抉择。时光流逝他们都已经人到中年，理查粗暴地不肯让埃米莉重温她年轻时喜欢的爵士，让埃米莉每每恍惚：查理是自己选的丈夫吗？此为《不论下雨或晴天》。

在伦敦，没有一支乐队肯接纳吉他手“我”，“我”只好去在莫尔文山开餐厅的姐姐家帮忙聊以维持生计……此为《莫尔文山》。

吹萨克斯的史蒂文迟迟不能出人头地，大家认为是他长得太抱歉的缘故。妻子就要离他而去了，临别送他的礼物是给了他一大笔整容费，此为《小夜曲》。

艾格尼丝自称是一个大提琴大师，年轻的蒂博尔经她指点后的确大有长进。奇怪的是大师授课只动嘴不动弓弦——原来，艾格尼丝空有音乐天赋却因为年幼时没有遇到好的老师音乐前程夭折。曾经的音乐梦想只停留在了唇边，艾格尼丝最终嫁作了商人妇，此为《大提琴手》。

五个故事，简述至此，看起来是不是芸芸众生的生活片段，且都与音乐无关？可是，试着将音乐从5个故事里抽离出来再读，我们会发现，小说的魂不在了。其中，《莫尔文山》一篇体现得尤为显豁。

音乐史常把亨德尔称作英国作曲家，事实上，亨德尔是德裔英国人，说亨德尔是英国作曲家，到底让英国人气短。而爱德华·埃尔加才是为英国人赢得作曲家声名的那个人，他的《爱的礼赞》《大提琴协奏曲》，特别是《威仪堂堂进行曲》让世界认可英国也有伟大的作曲家。莫尔文山，是埃尔加钟爱并经常盘桓的地方，辞世前他将自己的墓地圈定在莫尔文山，并留遗言："如果谁在莫尔文山听到琴声，那只能是我。"多么柔情蜜意的音乐家逸闻！现在，石黑一雄让他的故事发生在莫尔文山，我们怎能抽离埃尔加与莫尔文山的故事来读《莫尔文山》？也就是说，假如我们能听懂他专门写给妻子的《大提琴协奏曲》后再来读石黑一雄的《莫尔文山》，小说中的一个情节将会更加意味深长。

这个情节是，一对从瑞士来莫尔文山旅行的夫妻，也从事音乐工作，只是他们的儿子并不认可他们是音乐家，因为他们的工作是在豪华场所拉琴给食客们听。他们来莫尔文山，真的只是来游玩的吗？真的不是来向爱德华·埃尔加诉说心中苦闷的吗？至于他们夫妇称赞"我"的作品好听得令人震颤，又将给"我"带来什么样的震颤呢？

当喜欢音乐的作家将自己的爱好融入作品后，音乐一定不是装饰。我们能不能听到书里的音乐，决定着这一次阅读的幸福指数到底是多少。

开始写作

将自己喜欢的音乐带入写作中，会让自己的作品增加甜蜜度、深度和广度。这样的故事很多很多。

作业一：回忆一下哪一位作家也曾在自己的作品中满怀深情地介绍过自己深爱的音乐，然后将这个故事写下来。

作业二：这篇作文的题目是，音乐带来的改变。可以写一段人生故事，也可以写一个具体的故事。

赶快去读

1.〔日本〕村上春树著，林少华译：《挪威的森林》，上海译文出版社，2007年。

推荐理由：书名本来就是甲壳虫乐队的一首歌曲，所以，音乐在村上春树这本早期作品中的作用非同小可。成为村上春树的粉丝，《挪威的森林》是入门作品，也是我们初次领会文字与音乐关系的最佳读本。

2. 马慧元：《北方人的巴赫》，华夏出版社，2005年。

推荐理由：纯粹的听乐笔记，其实非常难写，马慧元的这一本，写得非常好，常有让人眼前一亮的表述。读到中学才开始学钢琴的马慧元，因为懂得，所以写得更加入理入心。

3.〔美〕爱德华·W. 萨义德著，庄加逊译：《音乐的极境：萨义德古典乐评集》，广西师范大学出版社，2019年。

推荐理由：萨义德是世界闻名的东方学学者。一个饱读诗书的专家，有一天提笔写起音乐评论来，会是什么况味？相对而言，是较有阅读难度但获得感也较强的一本音乐评论。